Studien aus dem Gebiete

des

preußischen Hypothekenrechts.

Von

F. Hinrichs.

Geh. Ober-Justizrath.

Erstes Heft.

Die auf vollstreckbaren Titeln beruhenden hypothekarischen Eintragungen und Vorzugsrechte der Personalgläubiger.

Berlin und Leipzig

Verlag von J. Guttentag

(D. Collin).

1883.

Vorbemerkung.

Bei einer Fortsetzung des preußischen Hypothekenrechts von Dernburg und Hinrichs, dessen erster Theil in der v. Meibom'schen Sammlung 1877 im Breitkopf- und Härtel'schen Verlage erschienen ist, wird der Unterzeichnete, nachdem er auf seinen Wunsch der bisherigen Mitarbeiterschaft enthoben ist, nicht betheiligt sein. Die Veröffentlichung einiger durch jenes Werk veranlaßten Studien, welche keinerlei Widerspruch Seitens der bei jenem Unternehmen Betheiligten begegnet ist, scheint zur Klarstellung des Verhältnisses dieser Arbeiten zu der noch unvollendeten systematischen Darstellung einige Worte unerläßlich zu machen.

Ihrer Entstehung gemäß schließen sich diese Studien nahe an den ersten Band des preußischen Hypothekenrechts an, setzen also die dort vertretenen Grundanschauungen voraus und bezwecken, für die letzteren weiter einzutreten. Sie wollen aber die noch zu erwartende Fortsetzung des begonnenen Werks in keiner Weise ersetzen, werden vielmehr sich auf die Erörterung einzelner, dazu geeigneter Materien beschränken.

Wenn hierbei besonders die historische Entwicklung im Auge behalten wird, so entspricht dies nicht nur dem von vornherein eingenommenen Standpunkte, sondern auch praktischen Bedürfnissen. In den preußischen Grundbüchern lebt das ältere Recht fort: ohne Kenntniß des letzteren ist ein sicheres Verständniß jener überhaupt nicht erreichbar. Jeder mit Fragen des Hypothekenrechts befaßte Richter sieht sich darauf angewiesen, die seit Anlegung der Hyp.Bücher in Geltung gewesenen Gesetze neben einander in Betracht zu ziehen, weil jedes erworbene Recht nur nach den Gesetzen beurtheilt werden kann, unter deren Herrschaft es entstand: die Kontinuität der Buchführung vereitelt insoweit jeden Versuch, die Rechtslage zu vereinfachen, jede Neuerung stellt den alten Problemen nur noch neue zur Seite, steigert die Schwierigkeiten, statt sie zu vermindern. Ebenso ergiebt auch schon ein Blick in die zahlreichen Kommentare der Gesetze von 1872, daß zu deren Verständniß und zur Ausfüllung der zahlreichen Lücken der vermeintlichen Kodifikation stetes Zurückgehen auf das ältere Recht ganz unentbehrlich ist.

Das hiernach in Betracht zu ziehende weitschichtige Material hat sich seit Aufstellung des v. Meibom'schen Programms durch die Reichsgesetzgebung noch weiter vermehrt: durch eine erhebliche Aenderung der Subhastationsgesetzgebung würde es in's Ungemessene wachsen und von einer kompendiösen Darstellung des preußischen Hypothekenrechts überhaupt zunächst kaum die Rede sein können.

So scheint es wohl an der Stelle, den Versuch zu machen, das Hauptunternehmen, für welches diese Studien bestimmt waren, durch Veröffentlichung derselben wenigstens theilweise zu entlasten. An Fragen, die näherer Erörterung bedürftig sind, fehlt es nicht. Die älteren Darstellungen haben sich mehr oder weniger darauf beschränkt, die Kategorien des Pfandrechts auf die Lehre von der Hypothek anzuwenden und die sich daraus ergebenden civilistischen Konsequenzen zu ziehen, ohne näher auf die Begründung der Hypothek durch den Formalakt der Eintragung und dessen Verhältniß zu dem materiellen Rechte, oder die eigenartige Aufhebung des Hypothekenrechts durch die Subhastation einzugehen, während die Praxis täglich mit Fragen aus diesen Grenzgebieten der Verwaltungsjustiz und des Prozeßrechts befaßt wird. Das Bild, welches so von dem Hypothekenwesen und den damit gegebenen Verwicklungen gewonnen wird, zeigt nur schattenhafte Umrisse und kann die große Bedeutung des Formalrechts für das Wesen der preußischen Hypothek nicht anschaulich machen.

So hat die Literatur auch den im Wege der Zwangsvollstreckung erfolgenden Eintragungen und der Konkurrenz der Real- und Personalgläubiger in der Subhastation nur geringe Aufmerksamkeit zugewendet: sie bietet mancherlei werthvolle Einzelnerörterungen, aber keine die aufzuwerfenden Fragen zusammenfassende Darstellung des bestehenden Rechts, wie sie, seitdem eine tief eingreifende Aenderung des letzteren in Aussicht genommen ist, als ein Bedürfniß anzuerkennen sein wird. Diesem im letzten Momente entgegenzukommen, ist der Zweck der hier zusammengestellten Studien, welche den jetzigen — sehr verschiedenen Auffassungen unterworfenen — Rechtsbestand und dessen historische Grundlagen in thunlichster Kürze übersichtlich zu machen suchen sollen. Ueber Beschaffung derartigen Materials hinaus in die Diskussion der Tagesfragen einzugreifen, läge jenseit der Grenzen, welche der Verfasser durchweg einzuhalten beabsichtigt. Der Werth, welcher der Arbeit etwa beigemessen werden könnte, würde ihr aus den oben berührten Gründen durch legislative Neuerungen nicht entzogen werden.

Die weiter zu veröffentlichenden Abhandlungen werden mit dem vorliegenden Hefte einen Band höchst mäßigen Umfangs bilden und im Laufe des Jahres erscheinen. Bemerkt sei endlich, daß bezüglich der Nachweise aus der Literatur überall an den Grundsätzen festgehalten wird, welche in dem ersten Bande des Hypothekenrechts befolgt und erläutert worden sind.

Berlin, im April 1883.

F. Hinrichs.

Die auf vollstreckbaren Titeln beruhenden hypothekarischen Eintragungen und Vorzugsrechte der Personalgäubiger.

Die im Wege der Zwangsvollstreckung erfolgenden hypothekarischen Eintragungen, welche in immer wachsendem Umfange von der Gesetzgebung zugelassen worden sind, haben das Gemeinsame, daß die entscheidende Kognition dem Prozeßrichter oder einer sonst zuständigen Behörde zusteht, die der getroffenen Entscheidung entsprechende Eintragung dagegen nur durch die Grundbuchbehörde veranlaßt werden kann.

So lange die streitige und die nicht streitige Gerichtsbarkeit einheitlich formirten Gerichten zugewiesen waren, bestanden für die Praxis keine Schwierigkeiten. Als die verschiedenen Funktionen verschiedenen Stellen mit besonders geregelter Zuständigkeit zugewiesen wurden, war nur die Zuständigkeit jeder der beiden zusammenwirkenden Behörden festzustellen für die successiv in jenen Fällen erforderlich werdende Thätigkeit beider — im Uebrigen schien es sich nur um Fragen des Geschäftsganges zu handeln, die kaum besonderer Regelung bedurften. Mancherlei Schwierigkeiten und Friktionen entstanden aber durch die komplizirte, zum Theil kontroverse Natur der Bestimmungen des materiellen und des Prozeßrechts, um deren Ausführung es sich handelte, und durch deren verschiedene Auffassung Seitens der betheiligten Interessenten und Behörden: man konnte sie nur überwinden, wenn man auf den inneren Zusammenhang jener gegensätzlichen Elemente zurückging, sich also klar machte, **welches** Recht in verschiedenen Formen zu wahren sei, und sah sich dann häufig Problemen bedenklichster Art gegenüber.

Jede Aenderung der Prozeßgesetzgebung hat zu diesen Fragen Stellung zu nehmen. Demgemäß haben verschiedene Ausführungsgesetze das vom älteren Prozeßrecht grundsätzlich abweichende System der Civ.P.O. mit dem in Geltung stehenden Grundbuchrechte in Einklang zu bringen gesucht, aber mancherlei Zweifel offen gelassen, deren theilweise Beseitigung durch neue Akte der Gesetzgebung in Aussicht genommen ist.

Ein Versuch, die einschlagenden Lehren durch Darlegung des jetzigen Standes der Gesetzgebung übersichtlich zu machen, scheint daher wohl an der Zeit. Ein derartiger Zweck ist aber nur durch annähernde Vollständigkeit, Zusammenfassung verwandter Materien zu erreichen. Unter diesem Gesichtspunkte wolle man die nachfolgenden Erörterungen, welche höchst verschiedene Fälle betreffen, doch auch als ein Ganzes in's Auge fassen und auch die Heranziehung der Vorzugsrechte der Personalgläubiger, welche ohne Eintragung lediglich auf Akten der Zwangsvollstreckung beruhen, als zur Sache gehörig gelten lassen.

I. Die im Prozeßwege betriebene Eintragung der Titel zum Pfandrecht.

1. Die A.Hyp.O. setzte für jegliche Eintragung einen gesetzlichen Titel, für die der Hypothek also einen rechtsgültigen Titel zum Pfandrecht voraus; die Eintragung erfolgte, wenn der Schuldner zur Zeit des Antrags als Eigenthümer bei dem Grundbuche legitimirt war, definitiv, wenn ein Anspruch auf Pfandrecht am eingetragenen Grundstücke oder am gesammten Grundbesitze des Schuldners aus beglaubigten Urkunden vollständig erhellte, protestativisch, wenn ein derartiger Realanspruch wenigstens bescheinigt war.

Derartige Belastungen waren also stets auf den Willen des Schuldners zurückzuführen. Für die auf Vertrag oder letztwilliger Verfügung beruhenden Titel erhellt dies ohne Weiteres; wurde der Titel zum Pfandrecht nur aus Gesetzen hergeleitet, welche solchen auch ohne besondere Abrede mit gewissen Forderungen verbanden, so lag in dem Eintritt in ein derartiges Schuldverhältniß mittelbar zugleich die Einräumung des entsprechenden Titels zum Pfandrecht, dessen Umfang sich aber nur nach dem Gesetze bestimmte, also in einzelnen Fällen bezüglich des Objekts der Belastung noch weiterer Klarstellung bedurfte. Das Hypothekenbuch wurde mithin insoweit nur über Realkreditgeschäfte geführt, zu denen sich der Eigenthümer herbeigelassen hatte. Die Eintragung stellte seinen Belastungswillen fest und vermittelte den Erwerb eines entsprechenden dinglichen Rechts: sie galt dem älteren Rechte für die Mehrzahl der Fälle, die Vertragshypotheken, als präparatorischer Formalakt, welcher dem definitiven Abschlusse des Kreditgeschäfts durch Vorleistung des Gläubigers nach damals herrschender Auffassung vorauszugehen hatte.

In diesen Grundlagen hat die spätere Gesetzgebung Nichts zu ändern vermocht. In allen Streit- und Kollisionsfällen ist auf den obligatorischen Anspruch und den damit verbundenen Titel zum accessorischen Hypothekenrecht zurückzugehen, aus denen sich der Inhalt des letztern nach Maaßgabe des materiellen Rechts allein näher bestimmen läßt. Nur soweit dies durch positive Bestimmung des Gesetzes im Verkehrsinteresse ausgeschlossen ist, werden für die Entscheidung die formalen Gesichtspunkte des Grundbuchrechts ausschließlich maaßgebend.

Als dem letzteren durch die spätere Gesetzgebung noch weitere formale Durchbildung gegeben wurde, blieb die Lehre von den Titeln zum Pfandrecht im Wesentlichen unberührt: auch die Gesetze von 1872 lassen dieselbe bei Seite, das alte Recht in der Hauptsache also unverändert. Wenn sie den Belastungswillen des Eigenthümers schärfer accentuiren, indem sie den G.B.Richter mit Feststellung desselben in bestimmten Formen befassen und die Eintragungsbewilligung des Eigenthümers als die wesentliche Grundlage der Eintragung betrachten (Konsensprinzip), so könnte man daraus folgern wollen, daß damit der Titel zum Pfandrecht in einen Titel zur Ertheilung der Eintragungsbewilligung verwandelt sei. Dies ist aber nur soweit richtig, daß ein formales Zwischenglied eingeschoben worden ist, welches nicht übersehen werden darf: für den Verkehr besteht der Zusammenhang der Hypothek mit ihrem Titel fort, die Geschäftsschlüsse müssen bei Begründung der Rechtsverhältnisse an dieser Grundlage festhalten, weil dafür aus den Formalbestimmungen des Grundbuchrechts, mit denen der Verkehr immerhin rechnen muß, Nichts zu gewinnen ist.

Die letzteren bilden eine Masse positiver Satzungen von zweifelhaftem Zusammenhang unter sich, von starrer und steriler Art gegenüber dem Organismus des Civilrechts: nur durch die mißliche Kombination so disparater Elemente hat man zu der Meinung gelangen können, daß die Lehre von den Titeln zum Pfandrecht durch §§ 5, 19 E.G. sehr wesentlich dahin modificirt sei, daß solche gültig nur von einem Eigenthümer bestellt werden könnten, der als solcher eingetragen sei, oder doch solche Eintragung gleichzeitig erlange. Derartige, eine sehr erhebliche Einschränkung des Realkredits nach sich ziehenden Konsequenzen sind nicht als geboten anzuerkennen: es wird im Folgenden der Fortbestand des älteren Rechts angenommen werden.[1])

Die neue Grundschuld setzt ein Kreditgeschäft voraus, nur aus einem solchen kann ein Titel dazu hergeleitet werden: insoweit ist sie den vertragsmäßigen Belastungen zuzurechnen. Der singuläre Fall der Eintragung der Grundschuld auf den Namen des Eigenthümers kommt hier nicht in Betracht: die Eintragung bereitet hier nur den Abschluß des Kreditgeschäfts vor, durch welches die Grundschuld zu verwerthen ist.

2. Liegt eine formgerechte Eintragungsbewilligung eines noch nicht eingetragenen Eigenthümers vor und will der Gläubiger denselben nach § 55 G.B.O. zur Eintragung seines Eigenthums anhalten lassen, so hängt der Verlauf davon ab, wie sich der Grundbuchrichter zu der eben erwähnten Kontroverse stellt: der Gläubiger wird mit seinem Antrage entweder wegen Ungültigkeit seines Titels abgewiesen, oder es wird das Zwangsverfahren eingeleitet und, wenn es Erfolg hat, die Hypothek eingetragen. Hat der Gläubiger einen gesetzlichen Hypothekentitel, so wird auch die herrschende Meinung schwerlich die volle Konsequenz ziehen, daß solcher Titel erst durch die Eintraguug des Schuldners als Eigenthümer rechtliche Bedeutung erlangen könne.

---

[1]) Betreffs dieser hier nicht näher zu erörternden Kontroverse ist auf Dernburg und Hinrichs § 22, 1 und S. 433 f. zu verweisen. Das Gruchot 24, 1019 ff. mitgetheilte Erkenntniß des Reichsgerichts hat aus der Verpfändungserklärung eines Nichteigenthümers dessen obligatorische Verbindlichkeit hergeleitet, nach der Eintragung als Eigenthümer Eintragungsbewilligung zu ertheilen, womit wenig gewonnen ist.

Ist der Eigenthümer eingetragen, so wird der Antrag, auf Grund einer älteren Eintragungsbewilligung eine Hypothek einzutragen, den Gläubiger vor dieselbe Alternative stellen.

Stehen der Eintragung nur andere Anstände, formelle Mängel der Eintragungsbewilligung, Mangel der nach § 19 Nr. 1 vorzulegenden Schuldurkunde u. dgl. m. entgegen, und will oder kann der Eigenthümer diese Anstände nicht beseitigen, so sieht sich der Gläubiger vor die Frage gestellt, ob er seinen Titel zum Pfandrecht im Prozeßwege realisiren soll. Nach § 19 Nr. 2 erlangt er die Eintragung, wenn er sie „auf Grund eines rechtskräftigen Erkenntnisses, durch welches der eingetragene Eigenthümer zur Bestellung einer Hypothek oder Grundschuld verurtheilt ist, beantragt". [2])

Eine derartige Klage kann nur auf einen rechtsgültigen Titel zum Pfandrecht gegründet und im einzelnen Falle nur auf Beschaffung der fehlenden Requisite zur Eintragung gerichtet werden: das Gesetz setzt den äußersten Fall, daß eine Eintragungsbewilligung überhaupt nicht vorliegt. Das Erkenntniß muß in jedem Falle die Verpflichtung des Gegners, die geforderte Eintragung herbeizuführen, positiv aussprechen: eine Feststellungsklage nach § 231 Civ.P.O. könnte nicht zum Ziele führen.

Bezüglich des Realkreditwesens im engeren Sinne ist die Bestimmung ohne praktische Bedeutung, man pflegt Niemand Geld wider seinen Willen aufzudrängen: bestellt der Eigenthümer die im Vorvertrag in Aussicht genommene Sicherheit nicht, so zerschlägt sich das Geschäft. Nur wenn der Gläubiger thatsächlich zunächst Personalkredit gewährt, vor der Eintragung gezahlt hat, wird er den etwa bestellten Pfandrechtstitel zur Geltung zu bringen suchen, falls er nicht in der Lage ist, von dem wortbrüchigen Schuldner das Kapital zurückzufordern, was stets vorgezogen werden wird. Mit der Klage auf Zahlung ändert sich aber die Rechtsstellung beider Theile und es kommen die unter II. zu erörternden Gesichtspunkte in Betracht. Nur für Ansprüche, welche durch solche Klage

---

[2]) Die Bestimmung ist aus dem Entwurfe in das E.G. übergegangen, ohne daß die grundsätzliche Aenderung des Entwurfes, welche § 19 Nr. 1 wesentlich modificirte, zu entsprechenden Aenderungen des § 19 Nr. 2 geführt hat. Bei Auslegung der letzteren Bestimmung ist diese Thatsache im Auge zu behalten und muß § 19 Nr. 2 aus Nr. 1 ergänzt werden. Ergänzung des fehlenden Konsenses durch Erkenntniß nahm schon § 196 A.Hyp.O. II. in Aussicht.

nicht sofort realisirt werden können, namentlich also bei Verfolgung gesetzlicher Hypothekentitel, ist § 19 Nr. 2 von praktischer Bedeutung. Der Anspruch wird erledigt, sobald der Eigenthümer nach Anstellung der Klage die betriebene Eintragung bewilligt und beantragt: der Gläubiger hat damit kaum Etwas gewonnen, wenn das dann dem Eigenthümer zuzustellende Hyp.-Instrument ihm nicht von diesem ausgehändigt wird, falls der Klageantrag nicht auch diese Seite der Sache berücksichtigt hat.

Daraus, daß ein derartiges Erkenntniß lediglich die Eintragungsbewilligung zu ersetzen hat, folgt, daß der Tenor alle Requisite der Eintragungsbewilligung (§ 23 E.G.) enthalten, namentlich also angeben muß, auf welche Grundstücke, in welchem Betrage oder Maximalbetrage eine Grundschuld, Hypothek oder Kautions-Hypothek einzutragen ist. Mängel solcher Art können das strikt auszulegende Erkenntniß werthlos machen. [3])

Das Erkenntniß muß gegen den eingetragenen Eigenthümer ergangen, d. h. auf dem hier vertretenen Standpunkte, der Verklagte muß zur Zeit des Antrags auf Eintragung als Eigenthümer eingetragen sein. [4]) § 19 Nr. 2 erkennt den Gläubiger als antragsberechtigt [5]) an: es ist aber seine Sache, dem Antrage die erforder-

---

[3]) Da Klagegrund lediglich der Titel zum Pfandrecht ist, können die Anträge stets in dieser Richtung im Laufe des Prozesses ergänzt werden (§ 240 Civ.P.O.), die Gerichte haben auch ihrerseits auf der Grundbuchgesetzbung entsprechende Präcisirung der Anträge hinzuwirken, um Unausführbarkeit ihrer Sprüche, worunter ihr eigenes Ansehen leidet, abzuwenden.

Ist der Schuldner zur Hyp.Bestellung mit seinem gesammten Grundbesitz in Anlaß gesetzlicher Titel verurtheilt, so ist das Objekt der Belastung (§ 23 E.G.) genügend bezeichnet, Eintragung also auf alle Immobilien des Schuldners statthaft. Ergänzung eines mangelhaften Erkenntnisses in der Exekutionsinstanz (vergl. Dernburg I. 779 f.) wird kaum erreichbar sein, weil anderweite Feststellung der zu leistenden Handlung selbst etwas Anderes ist, als Feststellung einer Vollstreckungsmodalität.

[4]) Nur die Annahme der Konvalescenz sichert dem § 19 Nr. 2, E.G. durchgreifende Bedeutung — die Gegner streiten darüber, ob der Verklagte eingetragen gewesen sein müsse zur Zeit der Verurtheilung, oder deren Rechtskraft, oder zur Zeit der Anstellung der Klage, und ob der erst später als Eigenthümer eingetragene Verklagte auf Grund des Erkenntnisses nur angehalten werden könne, eine anderweite Eintragungsbewilligung zu ertheilen, oder nicht. Die Aufwendung eines so komplizirten Apparats kann das Gesetz, welches den Titel zum Pfandrecht realisirt sehen wollte, nicht gewollt haben.

[5]) Die Gesichtspunkte, welche in anderen Fällen gegen die Legitimation des Gläubigers geltend gemacht werden, sind dem Verzuge des Eigenthümers

lichen Unterlagen, z. B. die Schuldurkunde für eine einzutragende Hypothek, gemäß § 19 Nr. 1 E.G., beizufügen. [6])

Betreibt der Gläubiger demgemäß die Eintragung, so entsteht die Frage, ob er damit einen Antrag auf Eintragung im Sinne der G.B.O., also einen lediglich nach dieser zu beurtheilenden Antrag stellt, oder ob es sich in der That um einen Akt der Zwangsvollstreckung gegen den Eigenthümer aus dem vorgelegten Erkenntnisse handelt, woraus zu folgern wäre, daß alle Voraussetzungen, welche die Civ.P.O. zu solchem Angriff fordert, nachzuweisen wären.

Für die erstere Alternative würde man sich nur erklären können, wenn ein Erkenntniß der fraglichen Art vollständig der durch einen Akt der freiwilligen Gerichtsbarkeit kundgegebenen Eintragungsbewilligung gleichzustellen wäre. Ist der Gläubiger in der Lage, solche Urkunde vorzulegen, so steht ihm die Präsumtion zur Seite, daß dies im Einverständniß mit dem Schuldner geschieht, welcher freiwillig die ihm präjudicirliche Erklärung zu jenes Gunsten abgegeben, ihm die Unterlagen zur Eintragung in einer dazu tauglichen Form anvertraut hat. Die Legitimation des Gläubigers, den Antrag auf Eintragung zu stellen, welche von der Praxis stets anerkannt ist, kann unter solchen Umständen auf den präsumtiven Willen des Schuldners zurückgeführt werden. [7])

gegenüber, dem er alle nachtheiligen Folgen zuzuschreiben hat, ohne allen Belang; daraus folgt dann aber auch weiter, daß auch betreffs der Aushändigung der zu bildenden Hyp.Urkunden lediglich der Antrag des Gläubigers maaßgebend ist.

[6]) Vergl. oben Anm. 2. Vom Inhalt des Erkenntnisses hängt es ab, ob es die Schuldurkunde unter Umständen ersetzen kann. Kontumazialerkenntnisse, welche über den Sachverhalt gar Nichts ergeben möchten, werden sich ganz untauglich erweisen, weil sich daraus nicht einmal die Identität der beurkundeten und der nach dem Erkenntnisse sicherzustellenden Forderung feststellen läßt. In jedem Falle muß für Hypotheken der Schuldgrund und der Umfang der Verbindlichkeit aus den Unterlagen des Antrages erhellen. Daß, wenn das Erkenntniß einen Schuldgrund nicht ergiebt, ebensowenig aber die Bestellung einer Grundschuld anordnet, eine solche einzutragen sei (vergl. Achilles Anm. 1 zu § 19 E.G.), ist nicht anzunehmen, weil positive Klarstellung des Titels Zweck des ganzen Verfahrens ist.

[7]) Die Erklärung einer Eintragungsbewilligung schafft für sich kein Rechtsverhältniß, erst die Begebung an die danach berechtigte Person legitimirt dieselbe zu entsprechendem Rechtserwerb. Der Besitz solcher Urkunde giebt aber, wie betreffs der Ordrepapiere, eine Bescheinigung für die Begebung, die innerhalb des Verkehrs genügt bis zu dem durch den Aussteller zu führenden Gegenbeweise.

Das die Eintragungsbewilligung ergänzende Erkenntniß ergiebt dagegen, daß die Eintragung wider den Willen des Schuldners herbeigeführt werden soll, der darauf gegründete Antrag betreibt eine dem letzteren nachtheilige Aenderung des Buchbestandes ohne seine Mitwirkung. Rechtfertigt das Erkenntniß auch materiell solchen Eingriff in die Vermögenslage des Schuldners, so handelt es sich doch formell um die Vollstreckung des Erkenntnisses in der darin vorgesehenen Art auf einseitigen Antrag der obsiegenden Partei, d. h. um einen Akt der Zwangsvollstreckung, wie er unzweifelhaft vorliegt, wenn nach anderen Bestimmungen des E.G. der Prozeßrichter auf Grund ähnlicher Titel um deren Eintragung den Grundbuchrichter zu ersuchen hat. Im Falle des § 19 Nr. 2 tritt demgemäß auch die regelmäßige Wirkung des Vollstreckungsakts ein, die Eintragung entzieht dem vollstreckbaren Titel seine Bedeutung, weil sie das dem Gläubiger zugesprochene Recht vollständig realisirt.

Hieraus ergiebt sich, daß das E.G., wenn es Selbstbetrieb der Vollstreckung durch den Gläubiger für gewisse Fälle, darunter § 19 Nr. 2, zugelassen, Vermittlung des Prozeßrichters für andere Fälle gefordert hat, bezüglich der einfachen Frage nach der Vollstreckung durch Eintragung zwar nicht zu einem einheitlichen System gelangt ist [8]), daß es aber doch nur verschiedene Modalitäten des Geschäftsgangs für wesentlich gleichartige Akte festgestellt hat. Der Grundbuchrichter hatte entweder selbst als Vollstreckungsbehörde einzutreten oder dem Ersuchen einer solchen stattzugeben.

Der Nachweis der Rechtskraft, welchen § 19 Nr. 2 fordert, ergab, daß das Erkenntniß Vollstreckbarkeit erlangt hatte, und wird jetzt, da die letztere nicht mehr zeitlich beschränkt ist, der Regel nach genügen, die Eintragung zu rechtfertigen. Eine Vollstreckungsklausel wird nicht erforderlich sein, weil § 757 Civ.P.O. das Landesrecht, wonach der Grundbuchrichter als Vollstreckungsbehörde eintritt, aufrecht erhält: sie genügt jetzt aber in den Fällen der §§ 664, 665 Civ.P.O. und kann schnell zum Ziele führen, wo früher weitere Urtheile nothwendig wurden. Dagegen sind die allgemeinen Bestimmungen der Civ.P.O. über Zwangsvollstreckung auch von dem Grundbuchrichter zu beobachten, der Antragsteller muß daher

---

[8]) Ueber die Einzelnheiten kann man Dernburg und Hinrichs S. 99 Anm. 4 vergleichen.

die Zustellung des Erkenntnisses nachweisen.[9]) Von einer Beglaubigung des Antrags wird abgesehen werden können.[10])

Seitdem nach § 779 Civ.P.O. eine Willenserklärung, zu deren Abgabe Jemand verurtheilt ist, mit der Rechtskraft des Urtheils abgegeben gilt, wird das erörterte Antragsverfahren, wie schon hier bemerkt werden mag, in allen Fällen zuzulassen sein, wo durch Erkenntniß ergänzte Eintragungs- oder Löschungsbewilligungen beigebracht werden.[11])

2. Vormerkung seines Titels zur Hypothek erlangt der Gläubiger vor der Rechtskraft des Erkenntnisses, wenn letzteres für vorläufig vollstreckbar erklärt worden ist (§ 658 Civ.P.O.). Der Regel nach wird er aber, zur Wahrung der Priorität, vor oder bei Anstellung des Prozesses eine derartige Maaßnahme betreiben: nach § 22 Al. 1 E.G. sieht er sich auf die Vermittlung des Prozeßrichters angewiesen, welcher nach § 70 E.G., wenn ihm der Anspruch auf Eintragung[12]) glaubhaft gemacht ist, bei

---

[9]) § 2 des Ges. v. 4. März 1879. Eine gleichzeitige Zustellung kann der G.B.Richter, der mit solchen Akten überhaupt nicht befaßt ist, mit der Eintragung nicht verbinden, die Benachrichtigung von der letzteren die Zustellung nicht ersetzen.

[10]) Dies entspricht der herrschenden, neuerlich auch vom Kammergericht angenommenen Auffassung des § 33 G.B.O. § 22 des Ges. v. 4. März 1879 setzt eine vollstreckbare Forderung — also die unter II. zu erörternden Fälle — voraus: diese und ähnliche Bestimmungen der Uebergangsgesetze wären überflüssig, wenn § 33 G.B.O. in der erwähnten Art auszulegen ist.

[11]) Die Begründung des Entw. der Civ.P.O. (S. 443) bemerkt, daß die Bestimmung des § 779 für Fälle dieser Art die Zwangsvollstreckung, welche den Gläubiger nur aufhalten und den Schuldner ohne Noth belästigen würde, entbehrlich mache. Die Fiktion beseitigt nur den nach älterem Recht erforderlichen Zwang zu anderweiter Beschaffung eines formell genügenden Titels: macht der Gläubiger von derselben Gebrauch behufs der Eintragung, so betreibt er die weitere Realisirung des Titels, der nunmehr im Erkenntnisse vorliegt, und dies läuft auf den Akt der Zwangsvollstreckung hinaus, mit dem sich die Civ.P.O. nach § 757 nicht weiter zu befassen hatte. Vergl. Turnau Grundb.Ges. 2. Aufl. S. 30 ff., wo mit Recht hervorgehoben wird, daß die Bewilligung als in dem Moment abgegeben gilt, wo der Gläubiger bei dem Grundbuch davon Gebrauch macht, was zugleich über einige durch die oben berührte Kontroverse gegebene Schwierigkeiten hinausführen kann.

[12]) Darüber, daß ein solcher in § 22 E.G. vorausgesetzt wird, kann auf Dernburg und Hinrichs S. 349 f., 356—62, Achilles in Johow 8, 312 ff. und die Entscheidung des Reichsgerichts (Gruchot 24, 99) verwiesen werden. Die entgegengesetzte Ansicht ist neuerlich von Kindel (Gruchot

dem Grundbuchrichter um Eintragung einer Vormerkung nachsuchen soll. Die entscheidende Kognition steht also dem Prozeßrichter zu nach Maaßgabe der Landesgesetzgebung, welche nach § 16 Nr. 4 E.G. zur Civ.P.O. unberührt geblieben ist, so daß also auf Bestimmungen der letzteren derartige Anträge nicht gegründet werden können.[13]) Die Ausführung kann nur durch den G.B.Richter erfolgen, für das Verhältniß beider Behörden ist § 41 G.B.O. maaßgebend.[14])

Auch für das Verfahren des Prozeßrichters wird daher das Landesrecht maaßgebend geblieben sein, er wird, der bisherigen Stellung der altpreußischen Gerichte gemäß, die G.B.Behörde direkt um Ausführung der durch seine einstweilige Verfügung angeordneten Maaßnahme, die Eintragung der Vormerkung, zu ersuchen haben. Wenn § 18 des A.G. zur Civ.P.O. bestimmt, daß die nach dem E.G. zur Eintragung einer Vormerkung erforderliche Vermittlung des Prozeßrichters „nur als Ausführung einer einstweiligen Verfügung nach den Vorschriften der Civ.P.O. stattfindet", so hat damit das Verfahren vor dem Prozeßrichter nur nach den Kategorien der Civ.P.O. qualificirt, eine weiter reichende Bestimmung nicht getroffen, namentlich das alte Verfahren nicht ausgeschlossen werden sollen. Legt man weiter nur auf §§ 815 und 811 Civ.P.O. Gewicht und behält man bei entsprechender Anwendung der für den Arrest gegebenen Bestimmungen den zwischen diesem und den Fällen einstweiliger Verfügungen be-

---

24, 303 ff. und 643 ff.) und Wolff (vergl. Entsch. des Kammerg. I. 290 ff.) vertreten. In Al. 2 des § 22 ist der Titel zur Hypothek ausdrücklich vorausgesetzt.

[13]) Namentlich kann ein sonst unbegründeter Antrag nicht in Anlaß einer Sicherstellung, welche der Gläubiger anbietet (§§ 801, 802, 818 Civ.P.O.), für statthaft erachtet werden (Achilles S. 322, welchem jetzt auch Turnau G.B.Ges. 2. Aufl. S. 44 beigetreten ist).

[14]) Es handelt sich um Gewährung einer Rechtshülfe: das Verhältniß anderer Behörden zu der Grundbuchbehörde ist aber weder in § 157 ff. des Ger.-Verf.Ges., noch in § 87 des A.G. dazu, ebensowenig früher im Bundesgesetze v. 21. Juni 1869 in Betracht gezogen. Solange das Grundbuch nach der Legalitätsmaxime geführt wird, wobei es in der Hauptsache verblieben ist, kann von Anwendung der erwähnten oder ähnlicher Grundsätze keine Rede sein, so daß nur auf das ältere Recht zurückgegangen werden kann. Differenzen sind im Beschwerdeverfahren in Grundbuchsachen, d. h. nach §§ 40, 51 ff. des A.G. zum Ger.Verf.Ges. zum Austrag zu bringen, wobei Schwierigkeiten der bei Dernburg und Hinrichs S. 149 besprochenen Art hervortreten können.

stehenden thatsächlichen Unterschied im Auge, so wird man ebenfalls zu der Annahme gelangen, daß es bei dem bisherigen System des Ersuchens bewende.[15])

Vom Standpunkte der Civ.P.O. läßt sich freilich aber auch sagen, daß, soweit es sich um Vollstreckung eines gefaßten Beschlusses handelt, zum Erlaß des Ersuchens nur noch das Vollstreckungsgericht[16]) (§§ 684, 755 Civ.P.O.) zuständig, oder daß die Vollstreckung nach der Civ.P.O. (§§ 808, 815) vom Gläubiger zu betreiben sei.[17]) Behält man aber im Auge, daß die einstweilige Verfügung nach der Eigenthümlichkeit der hier in Frage stehenden Fälle nothwendig selbst den Requisiten des § 41 G.B.O. entsprechen muß, sofern sich ihr Inhalt in Anordnung einer Eintragung erschöpft, die nur der Grundbuchrichter bewirken kann, so wird der letztere dem materiell darin liegenden Ersuchen Folge leisten können, gleichviel auf welchem Wege es an ihn gelangt. Nur diese Auffassung wird dem Interesse des Gläubigers gerecht, welches durch Streitfragen über die Formen des nach § 18 cit. zu beurtheilenden Geschäftsganges unter Umständen empfindlich gefährdet werden muß. Wird die Eintragung von Postlocirten angefochten, weil die formalen Voraussetzungen der Eintragung einer Vormerkung im einzelnen Falle nicht vorgelegen hätten, so würde nach den erwähnten Gesichtspunkten zu entscheiden, auf Einhaltung eines bestimmten Geschäftsgangs also nicht maaßgebendes Gewicht zu legen sein.

---

[15]) Die Motive des § 18 klären über seine Absichten im Einzelnen nicht auf. Für die Beibehaltung des seitherigen Verfahrens erklären sich Turnau G.B.Ges. S. 96, Achilles S. 320 ff., Bahlmann S. 230, Dernburg I. 487.

[16]) Des Vollstreckungsgerichts gedenkt der sich an § 18 anschließende § 19, ebenso § 22 des Ges. v. 4. März 1879: es kann im Gegensatz zur Grundbuchbehörde den Prozeßgerichten zugerechnet werden.

[17]) Wenn der Prozeßrichter nicht ein unmittelbares Ersuchen an den Grundbuchrichter richtet, der Gläubiger also auf Selbstbetrieb angewiesen wird, so wird er, mag er seine Anträge an das Vollstreckungsgericht oder die Grundbuchbehörde richten, zu gewärtigen haben, daß man von ihm den Nachweis der Zustellung an den Gegner verlangt, d. h. eine Maaßnahme, welche den Zweck des Verfahrens vereiteln kann. Im Falle des Arrestes (§ 802 Civ.P.O.) tritt dieser Uebelstand nicht ein, weil Zustellung und Vollstreckung gleichzeitig erfolgen können, was hier — vergl. Anm. 9 — nicht erreichbar ist. Auch dies spricht für das Verfahren nach altem Recht. Weitere Schwierigkeiten drohen, wenn man § 809 Al. 2 für anwendbar erachtet.

Erfolgt die Eintragung, so nöthigt die neuere Gesetzgebung so wenig als die frühere[18]) zur Herbeiführung eines Definitivums bei dem Grundbuche, es wird nur nach den Anträgen der Parteien verfahren. Nach § 89 G.B.O. erfolgt die endgültige Eintragung an Stelle einer Vormerkung auf Ersuchen des Prozeßrichters oder mit Bewilligung[19]) dessen, gegen welchen die Vormerkung gerichtet war: der Bewilligung steht rechtskräftige Verurtheilung zur Ertheilung solcher gleich. Zugleich bedarf es der Beschaffung der Schuldurkunde, wenn solche nicht durch das Erkenntniß ersetzt werden kann.

Für den umgekehrten Fall der Löschung bestimmt § 19 A.G. zur Civ.P.O.: „Die durch einstweilige Verfügung angeordneten Eintragungen sind nach Vorlegung eines vollstreckbaren[20]) Urtheils oder Beschlusses, durch welche die einstweilige Verfügung aufgehoben ist, auf Antrag des Eigenthümers zu löschen. Zu dem Antrag ist weder die Vermittlung des Prozeßgerichts oder des Vollstreckungsgerichts, noch die Beglaubigung des Antrags[21]) erforderlich."

[18]) Man vergl. Dernburg und Hinrichs § 27 Nr. 4.

[19]) Das Reichsgericht hat (Entsch. 1, 383) angenommen, daß § 89 voraussetze, daß der die Umschreibung Bewilligende auch Bucheigenthümer sei, daß bei einer Besitzveränderung seit Eintragung der Vormerkung also die Umschreibung nur von dem neuen Eigenthümer wirksam bewilligt werden könne. Hieraus würde folgen, daß in solchem Falle beide Eigenthümer zusammenwirken müssen, was den Gläubiger vor neue Schwierigkeiten stellt bei jedem Besitzwechsel. Es ist hervorzuheben, daß im entschiedenen Falle die Eintragung der Vormerkung nicht ordnungsgemäß erfolgt zu sein scheint, wodurch die Entscheidung an präjudizieller Bedeutung verlieren müßte. Man vergl. im Uebrigen Dernburg und Hinrichs a. a. O., insbes. S. 362 Anm. 25. Wird der Titel der Vormerkung gegen den früheren Eigenthümer durch Erkenntniß definitiv für eintragungsfähig erklärt, so wird das Erkenntniß auch einem Besitznachfolger gegenüber nach §§ 236, 238 665 Civ.P.O. für vollstreckbar erklärt werden können. Ueber die streitigen Modalitäten der Umschreibung vergl. man Turnau I. 294 und 380.

[20]) Hierunter ist definitive Vollstreckbarkeit zu verstehen: ein vorläufig vollstreckbarer Titel kann nicht zur Löschung eines durch Eintragung erworbenen Rechts, welche stets als definitive Eintragung im G.B. erscheint, sondern nur zu einer vorläufigen Eintragung des Widerspruchrechts des Schuldners, das vorläufige Anerkennung fand, führen (§ 658 Civ.P.O.). Im Uebrigen vergl. man Turnau G.B.Ges. S. 83.

[21]) Für Fälle der fraglichen Art entstehen Schwierigkeiten dadurch, daß der Anwalt, dem der Betrieb der Regel nach zufallen wird, zum Antrag nicht durch die Prozeßvollmacht legitimirt ist, wenn sie nicht nach § 37 G.B.O. beglaubigt ist. Vergl. Entsch. des Kammerg. II. 121.

Nach der Fassung kann es zweifelhaft sein, ob die Bestimmung neben die Bestimmungen des älteren Rechts (§§ 8, 16, 39 E.G., § 92 G.B.O.) tritt, also Selbstbetrieb neben den älteren Modalitäten gestattet, oder ob sie das Requisitionssystem beseitigen sollte, worauf die Motive hindeuten. Da die Gesetzgebung noch immer nicht zu einem gleichmäßigen System gelangt und die Beseitigung blos protestativischer Eintragungen im Interesse des Grundbuchwesens in jeder Weise zu fördern ist, wird man jede der erwähnten Prozedurvorschriften noch weiter für anwendbar erachten können. Durch peinliche Formenstrenge wird nicht das Mindeste gewonnen: so wird auch nicht auf dem Löschungsantrage des Eigenthümers, dessen § 19 cit. gedenkt, zu bestehen sein, da dessen Interesse durch die Löschung nicht benachtheiligt werden kann. [22])

4. Nach § 22 Al. 2 E.G. können auch „diejenigen Behörden, welche die Eintragung einer Hypothek gegen den Eigenthümer nachzusuchen gesetzlich berechtigt sind, die Eintragung einer Vormerkung verlangen". Neben einem Titel zum Pfandrecht ist hier also die Befugniß der Behörde vorausgesetzt, ohne Anrufen der Gerichte die zu sichernde Forderung durch eine vollstreckbare Entscheidung festzustellen und für diese jenen Titel zur Geltung zu bringen.

Die so kombinirten Momente sind als vollkommen gegensätzliche vollständig auseinander zu halten.

Für vorläufige Eintragungen setzt das Grundbuchrecht voraus, daß innerhalb der Prozedur, welche sie veranlaßt, eine definitive Entscheidung in geordnetem Instanzenzuge erreichbar ist, welche eine definitive Eintragung oder die Löschung der Vormerkung auf Grund einer rechtskräftigen Entscheidung nach sich ziehen kann. Schwebezustände ohne absehbares Ende stehen in schärfstem Widerspruche mit den Zwecken, denen die Hypothekenbücher von vornherein dienen sollten. Soweit die fortschreitende Gesetzgebung

---

[22]) Die Legitimation des Eigenthümers, falls er die Löschung betreibt, ist nach § 94 Nr. 1 und 2 G.B.O. zu führen, seine Mitwirkung war aber für Vormerkungen nicht schlechthin erfordert, bei welchen zunächst die Parteien betheiligt sind, von denen und gegen die sie genommen sind, was für Fälle des Besitzwechsels Bedeutung gewinnt. Daß der Löschungsantrag des Eigenthümers für protestativische und definitive Eintragungen nicht gleiche Bedeutung hat, ergiebt sich deutlich aus dem Gegensatze der §§ 58, 59 E.G. Die Absicht grundsätzlicher Aenderung dieser Bestimmung ist dem § 19 nicht beizumessen.

Personalforderungen eintragen ließ, sobald dafür ein vollstreckbarer Titel erlangt war, worüber unter II. zu handeln, hat man Vormerkungen nur unter den erwähnten Voraussetzungen eingetragen. Vollstreckbare Titel, welche keine Rechtskraft erlangen konnten, führten daher, obwohl sie im Beschwerdewege anfechtbar waren, zu definitiven Eintragungen; die Praxis hat diese Konsequenz von vornherein gezogen und vom Standpunkt der Grundbuchgesetzgebung ziehen müssen.

Behält man dies im Auge, so ist klar, daß die Behörde, welche eine Forderung durch eine vollstreckbare Entscheidung feststellen kann, auf Grund derselben die definitive Eintragung herbeiführen kann. § 22 Al. 2 E.G. wird daher nur für seltene Ausnahmsfälle[23]), gewisse, insbesondere fiskalische Ansprüche Anwendung finden, die nicht sofort durch einen vollstreckbaren Titel festgestellt werden können, worauf hier nicht näher einzugehen ist.

Beide Momente kommen auch für einen höchst praktischen Fall, den der Eintragung der Gerichtskosten[24]), nebeneinander in Betracht. Dieselben können im Wege administrativer Zwangsvollstreckung beigetrieben, also auch eingetragen werden, sobald ein bestimmter Betrag gegen einen bestimmten Debenten festgesetzt und der Steuerhebestelle zur Einziehung überwiesen ist. Auf Ersuchen dieser Stelle erfolgt die Eintragung definitiv, obwohl die Festsetzung im Wege der Beschwerde, betreffs der Stempel im Rechts-

---

[23]) Die Materialien ergeben Nichts darüber, welche Fälle die Verfasser des Entwurfes des E.G. hier im Auge hatten — vielleicht diejenigen, wo die Verwaltungsbehörde zwar eine vollstreckbare Entscheidung treffen, diese aber im Rechtswege angefochten werden kann (vergl. v. Rönne preuß. Staatsrecht 4. Aufl. I. 439 f.). Darlegung eines Titels zum Pfandrecht, für den Art. XI des E.G. zur preuß. Konk.O. maaßgebend sein wird, gehört nothwendig zur Begründung eines Ersuchens der fraglichen Art.

[24]) Den Gerichtskosten sind auch die Kosten der Strafhaft zuzurechnen (Str.P.O. § 497), wenn solche von der Gefängnißverwaltung (vergl. Just. Min.Bl. 1882 S. 292) festgesetzt und registrirt worden sind, der Anspruch also vollstreckbar geworden ist. Vergl. Johow 4 S. 143 und 6 S. 153—55. Da ein Anspruch auf vorschußweise Deckung solcher Kosten oder Kautionsbestellung nicht besteht, so kann er auch nicht vorgemerkt werden: die Verwaltung wird nur Arrestmaaßregeln veranlassen können, woraus Hypothekenrechte nicht herzuleiten sind. (Entsch. des O.Trib. 65, 123 und 68, 36, auch das Kammergericht hat in diesem Sinne entschieden.)

wege angefochten, selbst von Amtswegen[25]) abgeändert werden kann: derartige Entscheidungen begründen nur den Anspruch auf Löschung der Hypothek. Der Titel zum Pfandrecht, welchen im Anschluß an die ältere Gesetzgebung § 29 des A.G. zum Gerichtskostengesetze mit derartigen Ansprüchen verbindet, veranlaßt also keine Vormerkungen nach § 22 E.G., wohl ist er aber insofern von Bedeutung, daß er stets die Eintragung von Korrealhypotheken auf mehrere Grundstücke des Schuldners rechtfertigt[26]), welche ohne solchen Titel nicht beansprucht werden kann, wie demnächst darzulegen ist.

II. Die Eintragung persönlicher Forderungen im Wege der Zwangsvollstreckung (Zwangshypotheken).

1. Personalgläubiger, deren Forderung keinerlei Beziehung zum Grundbesitz des Schuldners durch Vertrag oder Gesetz gegeben ist, sind bei Mangel jeden Rechtsgrunds für solches Verlangen nicht in der Lage, definitive oder auch nur vorläufige Eintragung ihres Anspruchs zu fordern, sie können nach Ausklagung desselben aber das Grundeigenthum des Schuldners zum Objekt exekutivischer Angriffe machen. Letztere setzen daher materiell Verzug des Schuldners betreffs einer ihm obliegenden Leistung, formell die Feststellung des Anspruchs durch einen vollstreckbaren Titel voraus: nach älterem Rechte war auch die Einhaltung der Exekutions-

---

[25]) Ger.Kost.Ges. § 4, A.G. dazu § 4. Das Reichsgericht (Entsch. 6, 409 ff.) scheint anzunehmen, daß Beschwerdegerichte die hier erwähnte Offizialthätigkeit in Anlaß von Beschwerden nicht üben dürfen, während dem freien Ermessen keine Schranke gesetzlich gezogen und nur klar ist, daß die Beschwerde zu der anheimgestellten Offizialthätigkeit formell nicht verpflichten kann. Die Bestimmung ist gleichmäßig im Interesse des Reichs, des Staats und der betheiligten Interessenten getroffen und, wie sonst im Gebiete der Verwaltung, im öffentlichen Interesse eine Beseitigung von Mißgriffen zugelassen, selbst wenn die Interessenten sie über sich ergehen lassen oder in unzulänglicher Weise anfechten. Die Bestimmung verliert jede Bedeutung, wenn die Gerichte ihrer Thätigkeit formale Schranken ziehen.

[26]) Die ältere Praxis hat dies anerkannt (Johow 4 S. 200 und 217 und 8 S. 218 und 220, auch Turnau I. 285. A. M. Bahlmann S. 99).

Zweckmäßig und vom Just.Min. (Johow 4, 198) empfohlen ist es, die Kosten der Eintragung sofort in den Eintragungsvermerk aufzunehmen.

grade geboten, an welche die Realgläubiger nicht in gleichem Maaße gebunden waren, während sie bezüglich des sonstigen Vermögens des Schuldners unter Umständen (§ 46 I. 20 A.L.R.) zunächst an das ihnen haftende Pfandobjekt gewiesen werden konnten. Die Kollisionsfälle, welche so in der Exekutionsinstanz zwischen Gläubigern beiderlei Art entstehen konnten, entschieden sich betreffs der Immobiliarmasse — abgesehen von absolut privilegirten Ansprüchen, von denen hier durchweg abgesehen wird — nach der Priorität, welche das Hyp.Buch ergab.

Die Eintragung persönlicher Forderungen ohne Titel zum Pfandrecht war demgemäß dem älteren Rechte vollkommen fremd und mußte ihm fremd bleiben, da es das Pfandrecht selbst der eingetragenen Gläubiger gemäß der damals herrschenden Auffassung und der üblichen Verpfändungserklärungen schließlich doch auf den Pfandbesitz des Gläubigers zurückführte. Wohl ergab sich aber auf diesem Standpunkte und im Anschluß an die Lehre vom pignus praetorium ein Vorzugsrecht für solche Personalgläubiger, welche durch richterliche Immission in das Grundstück Pfandbesitz daran erlangt hatten. [1])

Die A.G.O. behielt diese Grundsätze bei; nach §§ 447—449

[1]) Die Hyp. und Konk.Ordnung v. 1722 kommt, sobald es sich um Realisirung des Gläubigerrechts handelt, überall auf die alten pfandrechtlichen Gesichtspunkte zurück. Hatte der Schuldner bei Verpfändung durch ein constitutum possessorium erklärt, er wolle für den Gläubiger besitzen, und dieser darauf hin Besitz ergriffen, so wurde solcher Besitz geschützt. Sonst und gegen Drittbesitzer konnte der Hypothekengläubiger bei Anstellung der Klage auf Grund der Eintragung oder auf Grund der Obligation, welche im Falle der mora Besitzübertragung versprach, gerichtliche Einweisung in den Besitz bis zur Zahlung verlangen (§§ 33—36). Fehlte es an solchen Klauseln, so war im Exekutiv-Prozesse zu klagen, Immission erfolgte nach Ablauf der Zahlungsfrist. In der III. Klasse, wo eingetragene Hypotheken vorweg zu befriedigen (§§ 171—176), folgen demnächst die stillschweigenden Hypotheken nach der Zeit der erlangten Rechte (§ 177). Nach § 191 werden denselben „gleichgestellt die aus klaren Brieffen und Siegel, die vermöge der Rechte paratam executionem haben, würckliche Einweisung und Immission erlangen, nicht aber diejenigen, welche ein bloßes Judicatum erstritten oder dem zu gut die Exekution und Immission zwar angeordnet gewesen, aber nicht vollzogen, sondern diese tacita Hypotheca soll erst von Zeit würcklich beschehener Immission ihren Anfang nehmen". — Der Realarreste wird nur beiläufig in § 38 u. § 192 gedacht.

Die Hyp.O. v. 1750 brachte dazu in ihrem § 32 nur vage Bestimmungen, wie Gläubiger durch Protestationen sich vorläufig sichern können, ohne die grundsätzlich verschiedenen Fälle zu sondern.

I. 50 und § 12 I. 51 hatten immittirte Gläubiger bezüglich des Grundstückes das Vorrecht der fünften Klasse und rangirten untereinander nach der Zeit der Immission der Einzelnen. Lediglich hierauf verweist § 5 I. 20 A.L.R., wenn es sagt: „Wie im Wege der Exekution ein Pfandrecht entsteht, bestimmt die Prozeß-Ordnung". Von dinglichem Rechtserwerb durch den Modus der Eintragung ist hier mit keinem Worte die Rede: das Prozeßrecht [2]), auf welches verwiesen wird, band Vorzugsrechte nur an Pfandbesitz aus der gerichtlichen Beschlagnahme, also an Dritten erkennbare Voraussetzungen, so daß es das A.L.R. wohl hierbei belassen konnte. War nun auch den eingetragenen Gläubigern durch das Hyp.Buch die Priorität vor später immittirten Personalgläubigern vollkommen gesichert, so war doch mit diesem System ein Kollisionsfall zwischen den auf Pfandbesitz und den auf Eintragung beruhenden Vorzugsrechten in dem Fall gegeben, daß die Eintragung nach der Immission erfolgt war. Hierüber schwieg die Gesetzgebung.

Der Verkehr und die Praxis suchten eine Lösung des Widerspruchs, den sie in dieser Rechtslage fanden, darin, daß sie dem Urtheile, auf Grund dessen exekutivische Beschlagnahme des Grundstückes stattgefunden hatte, zugleich einen Titel zur Eintragung entnahmen: so gelangte man zu Eintragungen auf Grund eines Judikates, wagte denselben aber meist nicht definitive, sondern nur protestativische Form zu geben.[3]) Dies hieß nicht eine Lücke

---

[2]) Charakteristisch ist, daß mit dem rechtskräftigen Judikate als solchem vom älteren Rechte nie Vorzugsrechte verbunden worden sind, während in beglaubigter Form ausgestellte Schuldurkunden — Eintragungs-Bewilligungen im Sinne des modernen Rechts — Vorrechte an der Konkursmasse gewährten: Reminiscenzen der Entstehung des Pfandrechts durch Vertrag. Vergl. Schmidt 170 f.

[3]) Die Reskripte v. 6. November 1797, 1. Juli und 2. September 1799 (Rabe IV. 348, V. 488, 550) erklärten die Eintragung der Forderung, wegen der Subhastation oder Sequestration eingeleitet war, für statthaft in Form einer protestatio de non amplius intabulando.

Sofort entstand die Frage, ob solche Protestation in eine Hypothek umgeschrieben werden könne, namentlich, wenn mehrere Eintragungen dieser Art erfolgt waren, die jüngere vor der älteren? — was die Reskripte v. 11. November 1799 und 21. Juli 1800 (Rabe V. 612, VI. 209 ff.) verneinten, weil ein Titel zu einem Hyp.Rechte nicht vorliege. Trotzdem wurde die Eintragung Rubr. III gebilligt. Man sehe auch das Reskr. v. 7. Januar 1808 (Rabe IX. 103).

des Gesetzes füllen, sondern es abändern: das Pfandrecht, welches mit der Immission verbunden war, war mit derselben erworben, bedurfte also keines anderen Erwerbsmodus, aus jenem Pfandrechte aber wieder einen Titel zur Eintragung herleiten, hieß vom A.L.R. absehen, welches solchen Titel zur Eintragung nicht anerkannte.

Nachdem das Hyp.Buch so neben den Realgläubigern, für die es ursprünglich allein geführt wurde, auch Personalgläubigern eröffnet worden war, wurden dieselben protestativischen Eintragungen, über deren Tragweite die dabei gebrauchten lateinischen Floskeln erwünschtes Dunkel verbreiteten und welche gerade deshalb von der Praxis für einen mindestens zweifelhaften Fall vorgezogen wurden, häufig auch schon dann zugelassen, wenn die Personalforderung zwar noch nicht durch Urtheil festgestellt, wenn aber deshalb Arrestschläge ausgebracht und vom Prozeßrichter verhängt worden waren. So kam es zu Eintragungen in Rubr. II oder Rubr. III unter verschiedenen Bezeichnungen, aus denen der Personalgläubiger, der sie erlangt und später seine Forderung selbst erstritten hatte, für letztere stets Hypothekenrecht in Anspruch nahm, als wenn seine Forderung auf Grund eines Titels zum Pfandrechte vorgemerkt worden wäre. Es steht außer Zweifel, daß eine derartige Praxis den zwischen dem Real- und dem Personalkreditwesen bestehenden Unterschied nicht gebührend beachtete, den Personalgläubigern nur höchst unsichere Vortheile zuwendete und den öffentlichen Glauben des Hyp.Buchs durch unklare Vermerke schädigte, andererseits darf man aber nicht aus den Augen verlieren,

---

Ein Gutachten der Gesetz-Kommission v. 29. April 1808 (Rabe IX, 187 ff.) leitete aus der Immission einen Titel zur Eintragung her unter Hinweis auf ein Reskript v. 15. Oktober 1763 und mit der Wendung, daß auch die Römer diese Konsequenz gezogen haben würden, wenn sie Hyp.Bücher gehabt hätten, wobei nur übersehen war, daß die Verfasser des diese Institution beibehaltenden A.L.R. diese Konsequenz nicht gezogen hatten. Zugleich wird aber ausgeführt, daß aus einer prot. de non amplius intabulando nie Hypothekenrechte hergeleitet werden können. Der Chef der Justiz trat der ersten, der zweiten Ansicht nur mit Vorbehalten bei. (Rabe IX, 234 f., wozu noch 214 f., 228 ff. u. X. 15, 17 verglichen werden können, wo auf den Unterschied solcher Protestationen und der prot. pro conservando jure et loco hingewiesen wird.)

Man vergl. hierzu die Bemerkungen von Schmidt S. 174 ff. und Bornemann 4, 180 f., betreffs der Lehre von den Protestationen Dernburg und Hinrichs § 27 S. 345 ff.

daß über solche protestativische Eintragungen und deren Wirkung in Kollisionsfällen der Prozeßrichter frei zu befinden hatte, solche Prüfung namentlich nicht durch Rechtsnachfolge Dritter, welche den öffentlichen Glauben des Hyp.Buches für sich hätten in Anspruch nehmen können, ausgeschlossen werden konnte. Damit blieb buchmäßig doch immer noch klar, daß es sich nicht um Eintragung von Realkreditgeschäften gehandelt hatte.

Als nach den Freiheitskriegen der Verkehr einen bedeutenden Aufschwung nahm, konnte das französische Recht der Rheinprovinz nicht unbeachtet bleiben, welches vollstreckbare Titel als eintragungsfähig anerkannte und somit das Ziel erreicht zu haben schien, dem sich die preußische Praxis, wenn auch mit schwankenden, unsicheren Schritten, schon vorher zugewendet hatte. Wenn nun auch die grundsätzliche Verschiedenheit der beiden Systeme der französischen und der preußischen Buchführung zu ganz verschiedenen Wirkungen der Eintragung ausgeklagter Personalforderungen führen mußte[4]), so konnte sich doch das Verlangen energischeren Rechtsschutzes auch auf jenes Vorbild berufen, welches so nicht ohne Einfluß auf die fortschreitende altpreußische Gesetzgebung bleiben konnte.

2. Die V.O. I. vom 4. März 1834 bestimmte, um „den Bedürfnissen der Rechtspflege" zu genügen, u. a. in § 22 unter Anziehung des § 5 I. 20 A.L.R.: „Der Gläubiger erwirkt durch solche Erkenntnisse, Vergleiche und Zahlungs-Verfügungen, aus welchen eine Exekution stattfindet, für Kapital, Zinsen und Kosten, und für die Kosten der Eintragung, einen Titel zum Pfandrecht auf die dem Schuldner zugehörigen Immobilien", schuf damit einen Titel zur Eintragung, welcher lediglich an formale Voraussetzungen des Prozeßrechts gebunden war. Hierin ist die Grundlage für die gesammte spätere Entwicklung gegeben und deshalb geboten, näher auf dieselbe einzugehen.

Es handelt sich lediglich um Personalansprüche auf obligatorische Leistungen: aus dem verschiedenen Inhalte der Obligation (Anspruch auf Geld, Fungibilien, Handlungen) leitet das Gesetz keine Unterschiede her, der Titel ist jedem Gläubiger

---

[4]) Dieser Gegensatz ist in einem 1820 geschriebenen Aufsatze (v. Kamptz Jahrb. 15 S. 117 ff.) erörtert: betreffs der gerichtlichen Hypotheken empfahl damals noch der Verfasser die Beibehaltung des preußischen, den Titel zum Pfandrecht betonenden Rechts.

gegenüber seinem Schuldner gegeben, der Fall der Unbestimmtheit des Betrages der Forderung besonders vorgesehen. Das französische Recht [5]) erklärte ebenso jedes Erkenntniß für eintragungsfähig, aus dem Interessenforderungen hergeleitet werden können, und sicherte so Gläubigern, welche ohnedies eine schwierigere Stellung haben (Mandanten und Sozien bezüglich des Anspruchs auf Rechnungslegung, Käufern bezüglich des Anspruchs auf Löschung nicht übernommener Lasten, durch Delikte geschädigten Personen, welche zunächst nur Restitution fordern können u. dgl. m.), gleiches Recht mit ihren Konkurrenten, welchen eine Geldforderung zustand. In gleichem Sinne ließ das A.L.R. Hypothekbestellung für jeden Personalanspruch zu: durch die Erwähnung von Kapital, Zinsen und Kosten hat in der V.O. von 1834 daher nur der Gegensatz von Haupt- und Nebenforderungen markirt werden sollen. [6])

Der Titel ist nur für vollstreckbare Forderungen gegeben, für betagte oder irgendwie bedingte also erst mit der Fälligkeit, welche, wie z. B. betreffs zuerkannter Alimente, successiv eintreten kann. Bei Feststellung solcher Voraussetzungen kommen jetzt die Vorschriften der Civ.P.O., z. B. §§ 664, 671, 672, in Anwendung.

Vollstreckbarkeit ist aber nur vorhanden, wenn das gesammte Vermögen des Schuldners auf Grund des erstrittenen Titels angegriffen werden kann, liegt also nicht vor, wenn der Schuldner zu einer Zahlung, aber nur bei Vermeidung der Subhastation eines Grundstückes, also auf Grund einer dinglichen Klage, oder wenn er nur als Erbe mit Vorbehalt seiner Benefizialerbenqualität verurtheilt wäre. Ein Erkenntniß der letzterwähnten Art würde nur zur Eintragung auf die Nachlaßgrundstücke führen können. [7])

---

[5]) Vergl. Puchelt, Rheinisch-französ. Hyp.O. S. 117. Von gleichem Ausgangspunkte müssen die beiden Rechte bei der Verschiedenheit ihres Systems zu verschiedenen Konsequenzen gelangen, worüber hier auf das citirte Werk zu verweisen ist.

[6]) Zu dieser Auffassung ist das O.Trib., das sich zunächst (Rechtsfälle 1 S. 300) auf den entgegengesetzten Standpunkt gestellt hatte, später gelangt und hat Erkenntnisse, welche den Titel zum Pfandrecht nur mit Geldforderungen verbinden wollten, vernichtet. (Entsch. 22, 223 [Plen.Beschl.] und 60, 359.)

Das Gesetz für Ehrenbreitenstein v. 2. Februar 1804 giebt den Titel zur Eintragung einer Zwangshypothek bezüglich „der Ansprüche auf Zahlung einer bestimmten Summe oder Gewährung anderer vertretbarer Sachen“ (§ 8), woraus Nichts als Unsicherheit der Gesetzgebung im Prinzip zu folgern ist.

[7]) Vergl. Entsch. des O.Trib. 66, 70 ff. und Dernburg III, 617 f. § 696

Ist gegen den Schuldner selbst die rechtskräftige Entscheidung nicht im gewöhnlichen Wege vollstreckbar, weil derselbe persönlich derartigen Angriffen gesetzlich entzogen ist, so ist aus jener auch kein Titel zur Eintragung herzuleiten.[8]) Endlich muß der verurtheilte Schuldner über seinen Grundbesitz zu verfügen berechtigt sein, was z. B. für die in Gütergemeinschaft lebende, als Eigenthümerin eingetragene Ehefrau nicht zutrifft.[9])

Mit der Vollstreckbarkeit erlischt der daraus herzuleitende Titel zum Pfandrechte, die Eröffnung des Konkurses in Deutschland zieht diese Folge für die Dauer des Verfahrens auch nach der R.Konk.O. §§ 11, 12 nach sich.

Der Titel ist für alle dem Schuldner zugehörigen Immobilien gegeben, kann aber nach dem Spezialitätsprinzip des preußischen Rechts nur durch Eintragung auf bestimmten Folien realisirt werden. Bis dahin bleibt das Objekt des Pfandrechts völlig dahin gestellt, es bestimmt sich erst durch die Wahl des Gläubigers, der von seinem Titel einem bestimmten Grundstücke gegenüber Gebrauch macht, durch einen einseitigen Angriff, einen Akt der Okkupation, der insoweit in keiner Weise auf den Willen des Eigenthümers zurückzuführen ist.

Einer Einschränkung bleibt der Gläubiger hierbei unterworfen, welche sich aus dem alten Satze des Exekutionsrechts ergiebt, daß der Gläubiger nur einfache, nicht mehrfache Deckung seiner Forderung durch Pfändung fordern kann. Derselbe ist in § 12 der V.O. v. 4. März 1834, mit Vorbehalt eines jus variandi für den Gläubiger, wiederholt: in § 23 wird daraus die Konse-

---

Civ.P.O. regelt in Al. 1 nur die Mobiliarexekution, für die Eintragung kann die aus dem Titel dazu erhellende Beschränkung nicht unbeachtet bleiben. Nur das Verfahren, nicht das materielle Recht hat § 10 des Ges. v. 4. März 1879 im Auge.

[8]) Nach § 15 Nr. 4 des E.G. zur Civ.P.O. sind die landesgesetzlichen Vorschriften über die Zwangsvollstreckung gegen den Fiskus, Gemeinden und andere Kommunalverbände, sowie gegen solche Korporationen, deren Vermögen von Staatsbehörden verwaltet wird, insoweit nicht dingliche Rechte verfolgt werden, unberührt geblieben. Aus diesem Vorbehalt folgt die Unstatthaftigkeit der Eintragung von Zwangshypotheken gegen derartige Schuldner, gegen welche nur konventionelle, also von den vorgesetzten Behörden genehmigte Pfandrechte verfolgbar sein sollen, während anderweite Exekutionen nur nach Anh. § 153 zu § 45 I. 25 und § 33 I. 35 Anh. § 242 A.G.O. statthaft sind. So auch das Kammerg. Entsch. 2, 119.

[9]) Striethorst Arch. 100, 59.

quenz gezogen, daß der vollstreckbare Titel dem Gläubiger keinen Anspruch auf Korrealhypothek gewährt: er kann seine Forderung auf jedes Grundstück des Schuldners eintragen lassen, mehrere Grundstücke desselben aber nur einzeln mit einem von ihm zu bestimmenden Theile seiner Forderung belasten. Hieraus ergiebt sich zugleich, daß Erkenntnisse, welche den Schuldner zur Zahlung einer Hypothekenforderung verurtheilen, dem Gläubiger nicht das Recht geben, auf Grund solchen Titels die Eintragung auf anderweite Grundstücke des Schuldners zu betreiben: er muß sich mit der erlangten vereinbarten Sicherheit begnügen.[10])

Rechtskräftige Erkenntnisse führen zu definitiver Eintragung der Zwangshypothek. Die Bestimmungen des A.L.R. über die Ordrequalität der Hypothek, welche dem Schuldner seine Einreden Singularsuccessoren des Gläubigers gegenüber der Regel nach entzieht[11]), waren nur für auf dem Belastungswillen des Eigenthümers beruhende Hypotheken gegeben, auf Eintragungen im Wege der Exekution also nicht mit Sicherheit zu beziehen. Von nur protestativischer Eintragung, welche den Schuldner gesichert hätte, konnte für Judikats-Hypotheken nicht wohl die Rede sein, weil die Forderung selbst und der Titel zum Pfandrecht feststanden und nicht abzusehen gewesen wäre, was noch weiter zur Herbeiführung eines Definitivums, wie es die Grundbuchgesetzgebung für vorläufige Eintragungen im Auge hatte, geschehen konnte. Die Praxis[12]) hat aber nicht angestanden, die Grundsätze des

---

[10]) Vertragsmäßige, aber noch nicht durch Eintragung auf das verpfändete Grundstück realisirte Titel zum Pfandrecht stehen dagegen der Eintragung der ausgeklagten Forderung auf ein anderes Grundstück im Zwangswege nicht entgegen: der Fall ist von geringer praktischer Bedeutung — vergl. oben S. 5.

Auch ein jus variandi nach § 12 wird betreffs ausgeklagter Konventionalhypotheken nicht zuzuerkennen sein. Ein Reskript v. 17. September 1836 (in Kamptz Jahrb. 48, 219, Gräff 10, 131) erklärt den Gläubiger für berechtigt, Eintragungen aus dem Judikat zu betreiben, wenn er die Löschung der Konventionalhypothek entsprechend bewillige.

Grundschulden geben dem Gläubiger nur die dingliche Klage, welche nie zu weiteren Eintragungen führen kann.

[11]) §§ 423—6, 522, 523 I. 20 Anh. § 53, in dem der Konsens des Schuldners als Grund der Ausnahmebestimmung betont wird, § 739 I. 11 A.L.R.

[12]) Plen.Beschl. d. O.Trib. v. 7. Mai 1855 (Entsch. 30, 408), durch welchen die entgegengesetzte ältere Praxis beseitigt wurde. Es handelt sich um einen ähnlichen Fall, wie den bei Dernburg und Hinrichs I. S. 233 Anm. 1 erörterten, die Majorität trug offenbar Bedenken, die Lehre von der Hypothek

A.L.R. auch auf Zwangshypotheken anzuwenden, der Schuldner hat daher mit den hierdurch gegebenen Gefahren zu rechnen und sich, wenn er die Forderung nach der Eintragung tilgt, seine Einreden zu sichern.

Daß auch die Nebenforderungen auf Grund vollstreckbarer Zahlungsverfügungen definitiv eingetragen wurden, ist schon oben erwähnt.

Protestativische Eintragungen fanden statt nach § 22 der V.O. v. 4. März 1834

a. „wenn es noch auf Feststellung des Betrags der rechtskräftigen Forderung ankam". Damit war die Lehre von den Protestationen um einen dem älteren Rechte fremden Fall bereichert: ein rechtskräftiger Titel wurde nur wegen seiner quantitativen Unbestimmtheit als ein unvollkommener behandelt, damit ein Gesichtspunkt geltend gemacht, welcher später zum Institut der Kautionshypothek führte.[13]) Sobald auch der Betrag rechtskräftig festgestellt war, wurde die definitive Eintragung erreichbar.

b. War die Exekution nur provisorisch zulässig, so konnte der Gläubiger ebenfalls nur „die vorläufige Eintragung seines Rechts" verlangen.

c. In einem dritten Falle ließ das Gesetz Selbstbetrieb des Gläubigers zu: die erlangte Eintragung verlor ihre Wirkung, wenn nicht der Prozeßrichter innerhalb dreier Monate sie aufrecht erhielt. Spätere Aenderungen des Exekutionsrechts haben diesen Ausnahmefall beseitigt.[14])

In allen anderen Fällen erfolgte die Eintragung auf Er-

---

durch Unterschiede, welche in der VO. v. 4. März 1834 Berücksichtigung nicht gefunden hatten, noch verwickelter zu machen. Führt man die Ordrequalität auf den Willen des Eigenthümers zurück, so wird man den von der Minorität gemachten Unterschied als berechtigt anerkennen müssen.

[13]) Es handelte sich um die Feststellung des Interesse des Gläubigers. Ueber das Verfahren nach älterem Recht (§ 9 der VO. v. 4. März 1834) vergl. auch Striethorst Arch. 52, 309; 53, 19; 72, 123; 95, 91 und Entsch. d. R.O.H.G. 20, 106. Es ist bei der Verhandlung festzustellen, ob der Gläubiger Zahlung oder Sicherstellung zu beanspruchen hat. Danach bestimmt sich, ob nunmehr eine Hypothek oder eine Kautionshypothek einzutragen ist. In der Sache selbst ändert sich Nichts, wenn nach der veränderten Prozeßgesetzgebung (§ 778 Civ.P.O.) diese Fragen in einem selbständigen Prozesse zu entscheiden sind.

[14]) Vergl. Dernburg und Hinrichs S. 357 bei Anm. 15.

suchen des Prozeßrichters, der über die Statthaftigkeit und die Art derselben zu entscheiden hatte. Man sprach daher von Eintragungen im Wege der Exekution, obwohl es sich nur um Realisirung eines nunmehr gesetzlich anerkannten Titels zum Pfandrecht, Sicherung des Gläubigers, nicht um einen die Befriedigung desselben unmittelbar bezweckenden Akt der Zwangsvollstreckung handelte. Der Gläubiger konnte gleichzeitig Mobiliarexekution betreiben, der Schuldner hatte die Einrede aus § 46 I. 20 A.L.R. seinerseits zur Geltung zu bringen. Das so adoptirte Requisitionssystem ist neuerer Zeit beseitigt, worauf unten (vergl. 4.) zurückzukommen.

3. Die Reformbewegung, welche ihren Abschluß zunächst durch die Gesetze von 1872 erhalten hat, hatte nur das Realkreditwesen im Auge: in keinem Stadium der Entwicklung ist den Zwangshypotheken besondere Aufmerksamkeit zugewendet worden, auch die Kritik der Entwürfe hat sich mit dieser Seite der Sache kaum befaßt.[15])

Das E.G. setzt das bisherige Recht voraus: in § 19 schließt sich an die oben unter I. erörterte Bestimmung die weitere an, daß die Eintragung auch erfolgt, wenn eine zuständige Behörde sie gegen den eingetragenen Eigenthümer beantragt. Die maaßgebende Entscheidung über den Antrag auf Eintragung aus vollstreckbaren Titeln verblieb daher dem Prozeßrichter, sie erfolgte nach den Bestimmungen des geltenden materiellen und des Prozeßrechts: in der Verpflichtung des Grundbuchrichters, die Ersuchen desselben zu erledigen, hat auch § 41 G.B.O.[16]) Nichts geändert.

---

[15]) Auch der Entwurf von 1864 (Ges. § 11 Nr. 1, G.B.O. §§ 86—88) folgte dieser Methode: es ist aber charakteristisch, daß die darin enthaltenen grundsätzlichen Bestimmungen nicht in die späteren Entwürfe übergegangen sind.

Das Gesetz für Neuvorpommern v. 21. März 1868 schwieg über derartige Titel fast vollständig (vergl. §§ 82, 109), man war daran gewöhnt, sie durch die Prozeßgesetze festzustellen.

Die Literatur hat diese Lehre immer nur stiefmütterlich behandelt, man sehe z. B. Förster III. 408.

[16]) Die G.B.O. fordert hier ein Ersuchen „einer zuständigen Behörde, welches den gesetzlichen Erfordernissen entspricht, insbesondere auch alle wesentlichen Punkte des einzutragenden Vermerks enthalten muß" — überläßt aber gerade damit der ersuchenden Behörde die entscheidende Kognition, der gegenüber der G.B.Richter nur die aus dem Grundbuch — nicht etwa die aus dem Grundbuchrecht — sich ergebenden Anstände zur Geltung zu bringen hat. Die Tragweite des vollstreckbaren Titels stellt der Prozeßrichter fest.

Keinerlei unmittelbare Beziehungen zu dieser Lehre haben die §§ 23, 24 E.G. über die Requisite einer Eintragungsbewilligung des Eigenthümers, welcher ein bestimmtes Grundstück verpfändet: sie binden ihn bei Ausnutzung seines Realkredits, verlangen Angabe des Betrags der Schuld in gesetzlicher Währung und, falls der Betrag noch unbestimmt, Angabe des Maximalbetrags der Belastung — Anforderungen, denen ohne jegliche Schwierigkeit Genüge zu leisten ist.

Ueber den Wortlaut dieser Bestimmungen hinaus hat man daraus gefolgert, daß überhaupt nur noch Eintragung bestimmter Summen in gesetzlicher Währung oder eines Maximalbetrags in gleicher Währung gesetzlich statthaft, daß nicht in solcher Weise quantificirten Ansprüchen das Grundbuch völlig verschlossen, daß also vollstreckbare Titel nur, wenn sie jenen Ansprüchen genügen, fernerhin eintragungsfähig seien.[17]) Daraus ergäbe sich eine bedeutende Modifikation der seitherigen Lehre von den Titeln zum Pfandrechte: die erwähnten Spezialbestimmungen, welche Eintragungen anderer Art vorsahen, zum Theil besonders regelten, würden als beseitigt zu betrachten sein. Damit wäre denn auch die gleiche Rechtsstellung, welche das ältere Recht allen Personalgläubigern sicherte, beseitigt, Titel zur Eintragung nur den Gläubigern gegeben, welchen Summen in Reichswährung zuerkannt sind, und damit ein dem älteren Rechte fremdes Privilegium für solche Forderungen geschaffen.

Solche Konsequenzen sind nur zur Wahrung der Spezialitätsmaxime gezogen, welche in den §§ 23, 24 für konventionelle Belastungen maaßgebend erklärt ist. Dieses vermeintliche Prinzip beherrscht aber das E.G. nicht, ist darin nicht durchgeführt[18]), hat auch die Bedeutung, welche ihm die Verfasser der Entwürfe beilegten, verloren, seitdem man neben der Grundschuld die accessorische Hypothek beibehalten hat. Es sind Ansprüche aller Art eintragungsfähig geblieben, welche nur nach Maaßgabe der Obli-

---

[17]) Für diese Meinung haben sich im Anschlusse an Grosse (Gruchot 19, 407 ff.) erklärt Achilles (S. 180 f. und Anm. 8 zu Koch's A.L.R. S. 636), Turnau I. 282, Bahlmann S. 98, neuerlich auch Dernburg 1. 788 f., sie ist die in der Praxis herrschende. Das Kammerg. (Entsch. I. 128 f.) hat einer in ausländischer Währung in einem rechtskräftigen Erkenntnisse festgestellten Schuld Eintragbarkeit abgesprochen.

[18]) Vergl. Dernburg und Hinrichs I. 69 und 437 f.

gation, auf der sie beruhen, liquidirt werden können: die Angabe eines Maximalbetrags beseitigt die damit gegebenen Schwierigkeiten in keiner Weise, ergiebt nur ein Limitum für den Geldanspruch, der an Stelle von schuldigen Fungibilien oder Leistungen anderer Art innerhalb des Maximalbetrages immer noch zunächst zu ermitteln bleibt. Belastungen, welche den §§ 23, 24 durchaus entsprechen, kann durch Bedingungen, Vorbehalte von Gegenleistungen u. dgl., welche unzweifelhaft statthaft sind, der Charakter der Spezialität, quantitativer Bestimmtheit entzogen werden.[19]) Daß das Erkenntniß in den hier fraglichen Fällen nicht den Belastungswillen des Schuldners betreffs eines bestimmten Immobile ergänzt, ist schon oben hervorgehoben.

Es mag zugegeben werden, daß es den 1872 herrschenden Tendenzen entsprechen würde, den eine Eintragung betreibenden Gläubiger nach Möglichkeit an die Spezialitätsmaxime im erwähnten Sinne zu binden: aus der hier hervortretenden Gegensätzlichkeit des Real- und Personalkreditwesens ergiebt sich aber, daß er solchem Anspruche unmöglich genügen kann. Giebt ihm der Vertrag nur einen Anspruch auf eine Zahlung in ausländischer Währung, Leistung von Sachen oder Handlungen, so darf er in der Klage seine Anträge nicht auf Zahlung in gesetzlicher Währung[20]) richten, seinem durch die Obligation bestimmten Anspruche nicht

---

[19]) Wäre der Schuldner verurtheilt, 1000 Mark Zug um Zug bei Uebergabe einer species zu zahlen, so wäre das Erkenntniß eintragungsfähig, aber nicht, wenn es umgekehrt ihn zur Uebergabe gegen Empfangnahme der gleichen Summe verurtheilte. Vergl. Förster-Eccius I, 548.

[20]) Nur für den Fall, daß ein bestimmtes Verhältniß fremder oder alter Währung zu der Reichswährung gesetzlich feststeht, macht Art. 14 des Münzgesetzes v. 9. Juli 1873 (R.G.Bl. S. 223 ff.) den Behörden zur Pflicht, die schuldige Summe in Reichs- oder in beiden Währungen anzugeben. Richtet sich dieses Verhältniß dagegen nach dem Kurse, so kann die Reduktion überhaupt erst am Fälligkeits-, resp. am Tage der effektiven Zahlung erfolgen. Die Frage ist für alle Grenzdistrikte von großem praktischen Belang.

Geldforderungen im Sinne des 2. Abschnittes des 8. Buches der Civ.P.O. (§§ 708 ff.) sind in ausländischer Währung zahlbare Forderungen unzweifelhaft. Ob darauf lautende Urtheile auch durch Beitreibung der entsprechenden Summe in Reichswährung in einem Betrage, welchen der Gerichtsvollzieher nach dem Kurse zu ermitteln haben würde (vergl. § 722), vollstreckt werden können, macht § 770 zweifelhaft. Es ist aber nicht abzusehen, wie dem Urtheile in anderer Weise ohne Weiterungen, die kaum in der Absicht des Gesetzes gelegen haben können, Genüge verschafft werden könnte.

einen anderen, am wenigsten den Anspruch auf ein Pauschquantum, das sich mit jenem nicht vollständig deckt, substituiren.[21]) Davon könnte nur die Rede sein, wenn er vertragsmäßig oder gesetzlich zugleich einen Anspruch auf Kautionsbestellung begründen könnte, welcher somit nach den unter I. vorausgeschickten Erörterungen zu beurtheilen wäre. Das ältere Recht wahrt das Interesse des Gläubigers durch protestativische Eintragung: das Dogma von der Spezialität würde ihm jedes Recht auf Eintragung bis zur Erwirkung eines Titels, der ihm eine Summe in gesetzlicher Währung zuspricht, entziehn. Das Interesse, sich die spätere Eintragung zu sichern, kann ihm kein Recht verleihen, welches das Gesetz nicht an die Existenz eines obligatorischen Anspruchs und dessen prozessualische Verfolgung, sondern nur an ein bestimmtes Ergebniß der letzteren, den vollstreckbaren Titel, geknüpft hat, er kann also Anspruch auf vorläufige Eintragung unter diesem Gesichtspunkte ebenfalls nicht geltend machen, sieht sich also trotz seines vollstreckbaren Titels vom Erwerb durch Eintragung ausgeschlossen.[22])

Es ist nicht anzunehmen, daß der Gesetzgeber eine derartige Aenderung des beibehaltenen materiellen Rechts gewollt und den-

---

[21]) Nur ausnahmsweise konnte neben der Hauptleistung von vornherein das Interesse im Prozesse nach §§ 19 ff. I. 22 A.G.O. verfolgt werden: die genaue Feststellung ist sehr häufig erst möglich, wenn die Hauptleistung sich als unerreichbar erwiesen hat. Nach § 778 Civ.P.O. erfolgt die Feststellung des Interesse in einem neuen Verfahren: damit sind nur anderweite Prozedurformen festgestellt, das materielle Recht, welchem § 9 der V.O. v. 4. März 1834 angehört (vergl. Dernburg I 276 f. Anm. 8 und 9), nicht berührt.

Der Entwurf von 1864 fühlte die Lücken, welche bei Durchführung der Spezialitätsmaxime hervortreten mußten, und ermächtigte in §§ 86, 87 G.B.O. betreffs der Titel auf gesetzliche Hypotheken und Kautionsbestellung den Prozeßrichter, den Maximalbetrag der Belastung behufs der Eintragung festzustellen. Auf Personalforderungen dehnte man diese Bestimmungen auch dort nicht aus.

[22]) Die in Anm. 17 erwähnten Autoren sind auf diese Seite der Sache nur beiläufig eingegangen, sie scheinen anzunehmen, daß sich der Gläubiger einen ihren Anforderungen entsprechenden Titel verschaffen könne. Achilles verweist hierbei auf §§ 819 ff. Civ.P.O. und stellt damit den Fall dem verschiedenen, oben unter I. erörterten gleich. Das zu belastende Grundstück ist aber nicht Streitgegenstand, die Frage ist nur, ob der Gläubiger einen eintragungsfähigen Titel erwirkt hat, oder nicht. Dernburg hält das Vollstreckungsgericht nach § 684 Civ.P.O. mit der Festsetzung eines Maximalbetrages befaßt, wogegen aber zu sagen ist, daß es sich nicht um einen Vollstreckungsakt, sondern um Herstellung des noch fehlenden tauglichen Titels handeln würde. Die Aussichten, die so dem Gläubiger eröffnet werden, sind zweifelhaftester Natur.

noch davon abgesehen habe, derselben direkten Ausdruck zu geben, welcher in den §§ 23, 24 nicht zu finden ist. Es wird im Folgenden daher davon ausgegangen werden, daß das ältere Recht bezüglich der Eintragung aus vollstreckbaren Titeln unberührt geblieben ist und daß die danach statthaften Eintragungen auch jetzt noch zulässig sind.

Natürlich hat der Gläubiger, der für einen noch unbestimmten Anspruch Eintragung erlangt, mit den Schwierigkeiten zu rechnen, die im weiteren Verlaufe hervortreten können. In der Subhastation werden derartige Posten nicht von Amtswegen berücksichtigt (§ 64 Subh.O.), sie können auch vom Gläubiger nur in bestimmter, besonders zu rechtfertigender Höhe bei der Kaufgelderbelegung liquidirt werden. Aus einer vermeintlichen Erschwerung des schließlich allein entscheidenden Verfahrens würde daher nicht herzuleiten sein, daß einem ohnehin in schwieriger Lage befindlichen Gläubiger die Chance habe entzogen werden müssen, welche das Gesetz von vorne herein allen Personalgläubigern gleichmäßig eröffnen wollte.

4. Eine Zusammenstellung der wichtigsten, nach jetziger Lage der Gesetzgebung in Frage kommenden Titel scheint hier an der Stelle, um ihre Bedeutung für das Grundbuchwesen anschaulich zu machen, und weil sie zugleich Gelegenheit bietet, bezüglich einzelner Fälle gegebene Zweifel zu berühren. Für

A. Definitive Eintragung

können folgende Titel, soweit sie einen fälligen Anspruch auf eine bestimmte Summe Geld — nach der strengeren Meinung in Reichswährung — ergeben, in Betracht kommen:

a. Rechtskräftige, im Civilprozeß ergangene Urtheile deutscher Gerichte. Ausländische Urtheile und Schiedssprüche aller Art erlangen Vollstreckbarkeit nur auf Grund deutscher Vollstreckungsurtheile (§§ 660, 868 Civ.P.O.).

Hiermit sind alle die Schwierigkeiten beseitigt, welche mit dem älteren Rechte und dessen Requisitionssystem gegeben waren für Erkenntnisse aus den Landestheilen, deren Gerichte nicht mit der Zwangsvollstreckung befaßt waren und deshalb auch nicht um Eintragung ersuchen konnten.[23])

---

[23]) Das Bundesgesetz v. 21. Juni 1869 über die Rechtshülfe hatte nur die Fälle der Beitreibung der Forderung, nicht den der Sicherung derselben durch Eintragung, in §§ 7—12 in Betracht gezogen.

Die zeitliche Beschränkung der Vollstreckbarkeit, welche nach älterem Rechte bestand, ist weggefallen. Aeltere Erkenntnisse, welche am 1. Oktober 1879 noch vollstreckbar waren und deshalb mit der Vollstreckungsklausel versehen werden können, bleiben daher auch eintragungsfähig. [24])

Die Tragweite der Urtheile bleibt natürlich durch ihren Inhalt bedingt, derselbe ist deshalb auch für die Eintragung schlechthin maaßgebend. Vorbehalte von Gegenleistungen und ähnliche Modifikationen der durch das Judikat festgestellten Verpflichtung sind daher in die Eintragungsvermerke aufzunehmen. Soweit sie die Fälligkeit des Anspruchs in Frage stellen, wie wahre Bedingungen, muß das Urtheil erst purificirt werden, um Vollstreckbarkeit zu erlangen. Mit der Erledigung derartiger Vorfragen bleiben die Prozeßbehörden befaßt (§§ 664, 667 Civ.P.O.).

Urtheile, welche dem Schuldner Vertheidigungsmittel oder die Ausführung seiner Rechte vorbehalten (§§ 502 –3, 562—3 Civ.P.O.), gelten, obwohl die Sache rechtshängig bleibt, doch bezüglich der Zwangsvollstreckung als Endurtheile. Definitive Eintragungen daraus können nur mit jenen Vorbehalten, welche den Hypotheken die Ordrequalität entziehen würden, erfolgen: grundbuchmäßig wird das Rechtsverhältniß entsprechenderen Ausdruck durch protestativische Eintragung finden.

b. Von den im Strafprozeß ergehenden Urtheilen haben diejenigen, welche auf Privat- oder Nebenklage dem Angeschuldigten Bußen zu Gunsten des Klägers und die Pflicht, Kosten zu tragen und zu erstatten, rechtskräftig auferlegen, insoweit die Bedeutung von Civilurtheilen. Der Berechtigte wird auf Grund einer vollstreckbaren Ausfertigung entsprechende Eintragungen erwirken können. Nicht nur wegen solcher Privatansprüche, sondern auch bezüglich der Vermögensstrafen soll nach § 495 Str.P.O. die Vollstreckung nach den Vorschriften über die Vollstreckung der Urtheile der Civilgerichte erfolgen. Die Eintragung ist kein Akt der Vollstreckung, sondern nur ein Akt der Sicherstellung der beizutreibenden Vermögensstrafe. [25]) Mit jener befaßt § 483 Str.P.O. die

---

[24]) Vergl. Dernburg und Hinrichs S. 99 und § 26 des Ges. v. 4. März und §§ 19—23 des Ges. v. 31. März 1879, auch Turnau G.B. S. 55 f.

[25]) Es handelt sich um denselben Zweck, welchen vor dem Urtheil ergehende Beschlagnahmen, worauf unter III zurückzukommen, verfolgen, nur daß hier

Staatsanwaltschaft [26]), bezüglich dieser ist aber nur die Staatskasse als betheiligt anzusehen; die bezügliche fiskalische Station wird hiernach die Eintragung in gleicher Weise, wie die Privatbetheiligten, betreiben und den Titel zum Pfandrecht geltend machen können. Bei Zweifelhaftigkeit der Sache wird der G.B.Richter aber auch auf Ersuchen der Staatsanwaltschaft mit der Eintragung, mindestens in Form einer Vormerkung, zu verfahren haben. [27])

Rechtskräftigen Civilurtheilen sind durch § 122 Str.P.O. die im Beschwerdeverfahren ergehenden Entscheidungen des Strafrichters gleichgestellt, wodurch der Verfall einer Sicherheit, welche nach § 118 vom Angeschuldigten oder dritten Personen bestellt ist, deshalb ausgesprochen wird, weil sich jener der Untersuchung oder Strafvollstreckung entzieht. Die eingetragene Kaution ist auf Grund solchen Spruchs in eine Hypothek für eine nunmehr dem Fiskus unbedingt zustehende Geldforderung umzuschreiben: für die Legitimation zum Betrieb der Umschreibung werden die eben berührten Gesichtspunkte maaßgebend sein. [28])

---

der vollstreckbare Titel definitive Eintragung rechtfertigt. Die Anwendung des § 22 der V.O. v. 4. März 1834 auf Fälle dieser Art erscheint unbedenklich, weil man stets die Vorschrift über die Exekution in Civilsachen auf die in Strafsachen zur Anwendung gebracht hat. Auch das französische Recht stellt sich auf denselben Standpunkt (vergl. Puchelt, Rheinisch-franz. Hyp.Recht S. 116), und es ist nicht abzusehen, warum, wenn man Pfandrechtstitel nur an die Voraussetzung der Vollstreckbarkeit band, man bezüglich der Straferkenntnisse eine Ausnahme hätte machen sollen. Nur im Konkurse konnten die Strafen als solche nicht liquidirt werden, wie im § 56 Nr. 3 R.Konk.O. wiederholt ist.

[26]) Die praktische Bedeutung des Titels würde sich steigern, wenn aus § 28 Str.G.B. zu folgern wäre, daß alle Exekutionsmittel zu erschöpfen wären, bevor die der Geldstrafe substituirte Freiheitsstrafe vollstreckt werden könnte. Müßte wirklich zuvor aller Grundbesitz des Bestraften zur Subhastation kommen, so würde auch die Eintragung regelmäßig erfolgen. § 28 ist indeß nur auf Mobiliarexekution zu beziehen, bezüglich weiterer Maaßnahmen hat immer freieres Ermessen der Vollstreckungsbehörden gewaltet (vergl. z. B. Just.Min.Bl. 1840 S. 226), wobei es bewenden muß.

[27]) Ueber die Kontroversen, welche sich an § 495 Str.P.O. knüpfen, vergl. man Löwe Str.P.O. zu dieser Stelle. Gläubiger aus der Eintragung wird jedenfalls nur der Staats- oder Reichsfiskus. Sein Recht bleibt aber durch die Natur des Titels eigenthümlich bedingt, es erlischt materiell durch Begnadigung, durch Vollstreckung der substituirten Freiheitsstrafe. Protestativische Eintragung würde diesen Eigenthümlichkeiten entsprechen.

[28]) Sicherheit ist dafür bestellt, daß sich der Angeschuldigte dem Strafrichter stellen werde. Diese Verpflichtung besteht fort auch nach Verfall der

c. Die Feststellung einer Forderung im Konkurse, welche der Gemeinschuldner seinerseits bei der Prüfung nicht ausdrücklich bestritten hat, kann der Gläubiger nach Aufhebung des Konkursverfahrens als vollstreckbaren Titel gegen den Gemeinschuldner geltend machen; solcher Gläubiger kann auch aus dem rechtskräftig bestätigten Zwangsvergleiche Exekutionsanträge gegen den Gemeinschuldner und dessen selbstschuldnerische Bürgen stellen, also auch die Eintragung betreiben (§§ 152, 179 R.Konk.O.).

d. Die bei der Kaufgelderbelegung in der Subhastation rückständig verbleibenden Kaufgelder muß der Subh.Richter von Amtswegen bei Eintragung des Eigenthums des Erstehers zur Eintragung bringen lassen: insoweit wird es immer bei dem Requisitionssystem bewenden müssen. Die Eintragung erfolgt auf Grund des Zuschlagsbescheids und des Kaufgelderbelegungs-Protokolls [29]), jeder Gläubiger kann die Bildung eines H.Instruments für sich verlangen (§ 79 Subh.O.): es steht ihm aber auch nach § 59 Subh.O. zu, wegen seiner Forderung Exekution in das übrige Vermögen zu betreiben, und zwar nach § 21 des Ges. vom 4. März 1879 neuerlich auf Grund einer vollstreckbaren Ausfertigung des Zuschlagsbescheides. Daß er auf Grund dieses vollstreckbaren Titels auch Eintragung auf anderen Grundstücken des Erstehers verlangen könne, ist nach den früheren Darlegungen zu verneinen.

Die Civ.P.O. hat neben den Endurtheilen in § 702 noch eine Reihe anderer Titel als vollstreckbare anerkannt, durch § 706 auch die Landesgesetzgebungen ermächtigt, aus anderen Schuldtiteln die gerichtliche Zwangsvollstreckung zuzulassen, namentlich auch betreffs der „Hypothekenurkunden (Hypothekenschuldbriefe, Hypothekenscheine

---

Sicherheit, woraus erhellt, daß es sich nicht um eine privatrechtliche Verpflichtung handelt, welche sich mit der Interesseforderung nothwendig decken würde.

[29]) Die bezüglich der Belastungsbefugniß nicht eingetragener Eigenthümer bestehende Kontroverse (vergl. oben I. Anm. 1) macht dem Adjudikatar Schwierigkeiten, wenn er, um das Kaufgeld flüssig zu machen, Realkredit in Anspruch nehmen muß, das erstandene Grundstück für ihm bewilligte Hypotheken, oder auch nur für Zinserhöhung übernommener Hypotheken verpfänden will. Nach der herrschenden Meinung leiden alle derartigen Dispositionen vor der dem Adjudikatar nur nach der Kaufgelderbelegung erreichbaren Eintragung als Eigenthümer an Nichtigkeit. Wird er so an Baarzahlung des Kaufgeldes gehindert, so werden auch die Hypothekarien durch diese Auffassung des Gesetzes

u. s. w.)". [30]) In Preußen sind besondere Bestimmungen solcher Art nicht getroffen, durch § 5 des Ges. vom 4. März 1879 ist das ältere Landesrecht aufrecht erhalten.

Es kommen als Titel zur definitiven Eintragung hiernach auch in Betracht

e. Vergleiche, welche nach Erhebung der Klage zur Beilegung des Rechtsstreits seinem ganzen Umfange nach oder in Betreff eines Theils des Streitgegenstandes vor einem deutschen Gericht oder im Falle des § 471 Civ.P.O. vor dem Amtsgerichte abgeschlossen sind (§ 701 Nr. 1—2 Civ.P.O.), daneben landesgesetzlich schiedsmännische Vergleiche und einige andere Titel ähnlicher Art, von denen hier abgesehen werden kann. [31])

f. Entscheidungen, gegen welche das Rechtsmittel der Beschwerde stattfindet. Die letzteren sind von großer praktischer Bedeutung, soweit sie bezwecken, die dem Kapital zur Seite tretenden Nebenforderungen festzustellen, und deshalb näher in Betracht zu ziehen.

Nach dem Wortlaut der V.O. vom 4. März 1834 ist der Titel zum Pfandrecht auch für Zinsen und Kosten gegeben, aber auch für diese, wie für das Kapital, an die Voraussetzung der Vollstreckbarkeit gebunden, so daß nur Zinsrückstände und schon erwachsene Kosten zur Eintragung gelangen konnten.

Nach § 30 E.G. haftet die Hypothek auch für die eingetragenen Zinsen und für die Kosten der Eintragung, der Kündigung, der Klage und Beitreibung. Es steht außer Zweifel — wie schon die

---

empfindlich geschädigt. Vergl. Johow 7, 246 ff.; 8, 204 und dagegen 8, 201. Die Zuständigkeit des Subhastationsrichters zur Aufnahme solcher Belastungserklärungen des Adjudikatars, welche früher auch in Zweifel gezogen wurde (Johow 7, 117), ist durch die veränderte Gerichtsverfassung außer Frage gestellt.

[30]) Der auf die Hyp.Urkunden bezügliche Vorbehalt ist in den Materialien nicht näher erläutert. Struckmann und Koch beziehen ihn auf Grund der Norddeutschen Protokolle auf besondere Bestimmungen des baierischen Rechts über Ewiggelder. Es ist nicht abzusehen, wie als Folge der Eintragung einer Hypothek deren Vollstreckbarkeit zur Regel erhoben werden könnte. Man hat nur der Gesetzgebung der Einzelstaaten freie Hand lassen wollen, wenn sie zu dem Satze fortschreiten sollten, daß Hypothekenansprüche gegen jeden eingetragenen Eigenthümer in besonders vorzusehender Weise vollstreckbar gemacht werden können.

[31]) Vergl. Schiedsmanns-O. v. 23. März 1879 §§ 32, 47, A.G. zur Civ.P.O. v. 24. März 1879 §§ 10, 12, 29.

Position „Kündigung" ergiebt —, daß das E.G. auch hier nur Realkreditgeschäfte, also künftige Zinsen und Kosten im Auge hatte. Bezieht man § 30 aber nach seiner allgemeinen Fassung und mit Rücksicht auf die Stelle, die er im E.G. gefunden hat, auch auf Zwangshypotheken [32]), so könnte man die Eintragung der entstandenen Kosten für überflüssig erklären wollen und die Feststellung ihres Betrages der Liquidation des Gläubigers in einer etwaigen Subhastation überlassen.

Bei der Zweifelhaftigkeit der Frage hat sich aber die Praxis, soviel bekannt ziemlich gleichmäßig, auf einen anderen Standpunkt gestellt.

Betreffs der Zinsen ist hier nur Folgendes zu bemerken. Man hat allgemein, wenn der Titel die Verzinslichkeit feststellt, das Kapital als verzinsliches eingetragen, wie dies sicher auch in der Absicht der V.O. von 1834 gelegen hat, welche unmöglich die Eintragung einzelner Zinstermine in fortlaufender Reihe herbeiführen wollte. Dem Gläubiger konnte aber nie verschränkt werden, den Betrag der rückständigen Zinsen neben dem Kapital und den weiter laufenden Zinsen besonders eintragen zu lassen, weil ihm insoweit die V.O. von 1834 zur Seite stand und er so dem Zinsanspruche volle Priorität auch für den Fall sicherte, daß das Grundstück nicht innerhalb der nächsten zwei Jahre, sondern erst später zur Subhastation gestellt wurde. So entstanden bezüglich der Zinsen komplizirte, aber vollkommen deutliche Eintragungsvermerke. Aus gleichem Grunde ließen auch Hypothekengläubiger häufig ausgeklagte Zinsenrückstände auf Grund eines Judikates als neue Post hinter ihrer Hypothek besonders eintragen, was ihnen nach der V.O. von 1834 ebenfalls nicht verschränkt werden kann.

Bezüglich der Kosten hätte das Verfahren sehr vereinfacht werden können, wenn das E.G. die Spezialitätsmaxime wirklich durchgeführt, also die Eintragung einer besonderen Kautionshypothek für die Kosten im Anschluß an die baierische Gesetzgebung für erforderlich erklärt und betreffs der Zwangshypotheken die Festsetzung eines Kostenmaximalbetrags durch geeignete Spezialvorschriften ermöglicht hätte. Es ist nicht geschehen, weil dies System zu ostensibel größeren Belastungen führt, also den Realkredit der

---

[32]) Die Kommentare gehen auf diese Frage nicht näher ein und nehmen, so viel ich sehe, zu den Spezialfragen keine bestimmte Stellung.

Eigenthümer beschränkt; damit sind die Personalgläubiger darauf angewiesen, ihr Interesse selbst von Fall zu Fall zu wahren, die Nebenforderungen eintragen zu lassen, wobei sich nicht selten herausstellt, daß sie den Betrag des Kapitals übersteigen.

Das Requisitionssystem des älteren Rechts hielt die so drohenden Uebelstände in leidlichen Schranken. Der Gläubiger legte dem Prozeßrichter ein Liquidum vor, welches die rückständigen Zinsen, die seither erwachsenen Kosten, einschließlich der dem Gläubiger durch Geltendmachung seines Titels zum Pfandrecht entstehenden, also auch des Antrags auf Eintragung, zusammenstellte: der Prozeßrichter erließ ein entsprechendes Ersuchen an den Grundbuchrichter; nahm dieser in den Vermerk den Betrag der bei ihm entstehenden, von dem Gläubiger zu zahlenden Eintragungskosten mit auf, so gelangten damit alle dem letzteren zustehenden Ansprüche in übersichtlicher Form zur Eintragung. In gleicher Art wurde verfahren, wenn nachträglich weitere Kosten entstanden. Um solchen Anträgen zuvorzukommen, haben sich die Behörden häufig dazu herbeigelassen, bei Gelegenheit der ersten Eintragung auch die der „ferneren Kosten" zu veranlassen und zu gestatten; die Wirksamkeit dieser Klausel ist aber zweifelhaft und es werden darauf hin sonst begründete Anträge auf Eintragung späterer Kostenbeträge nicht zurückgewiesen werden können.

Seitdem die Vermittlung des Prozeßrichters weggefallen und der Gläubiger selbst darauf angewiesen ist, die Eintragung von Zwangshypotheken auf Grund der von ihm vorzulegenden vollstreckbaren Titel zu betreiben, ist ihm nicht mehr erreichbar, sein Interesse in gleich erschöpfender Weise zu wahren.[33] Die Kosten, die ihm durch Beschaffung des Titels und des Antrages auf Eintragung entstehen, sind dem Grundbuchrichter ebenfalls durch einen vollstreckbaren Titel nachzuweisen, welcher natürlich nur mit neuem Kostenaufwande gleicher Art zu beschaffen ist, womit sich denn eine unendliche Reihe von Eintragungen in Aussicht stellt, bis der Gläubiger auf Sicherung solcher Verläge thatsächlich verzichtet. Der Grundbuchrichter ist nicht gesetzlich dazu berufen, bezüglich der Ansprüche des Gläubigers eine Kognition zu üben, er kann nur

---

[33]) Nur die Vollstreckungsbefehle (§ 639 Civ.P.O.) fassen die Hauptforderung und die Kosten in einem Titel zusammen, der aber nur vorläufig vollstreckbar und auf den daher unter B. zurückzukommen ist.

den Betrag der Kosten der Eintragung, nicht den der Kosten des die letztere bezweckenden Vorverfahrens feststellen.[34])

Der Gläubiger hat sich also betreffs der Kosten in dem durch §§ 98 ff. Civ.P.O. nach dem Vorbilde des § 28 A.G.O. I. 23 geordneten Verfahren einen Festsetzungsbeschluß des Prozeßrichters zu verschaffen und darauf seine Anträge zu gründen.

Erfolgt die Eintragung der Haupt- und Nebenforderungen gleichzeitig, so erfolgt sie definitiv oder vorläufig nach Maaßgabe des für die Kapitalforderung beschafften Titels. Waren nur Kosten auf Grund von Festsetzungsbeschlüssen einzutragen, welche stets mit dem an besondere Form und Frist nicht gebundenen Rechtsbehelf der Beschwerde angefochten werden konnten, durch welche also der festgesetzte Betrag nie endgültig feststand, so verfuhr die ältere Praxis doch stets mit definitiver Eintragung. Mit Recht, da Rechtskraft solcher Beschlüsse nicht festzustellen, eine Definitivum der nur protestativischen Eintragung gegenüber also nicht erreichbar war. Die Einführung des Rechtsmittels der sofortigen Beschwerde hat hierin Nichts ändern können: man wird also in der alten Weise zu verfahren haben.

g. **Urkunden, worin sich der Schuldner vor einem deutschen Gerichte oder Notar der sofortigen Zwangsvollstreckung unterworfen hat,** sind ebenfalls vollstreckbar, wenn der Anspruch „Zahlung einer bestimmten Geldsumme oder die Leistung einer bestimmten Quantität anderer vertretbarer Sachen oder Werthpapiere zum Gegenstande hat". (§ 702 Nr. 5 Civ.P.O.) Nach § 703 und den Materialien der Civ.P.O.[35]) ist nicht ausgeschlossen, daß sich der Schuldner der Zwangsvollstreckung erst nach Eintritt gewisser Termine, z. B. der einzelnen Zinstermine, oder unter gewissen Voraussetzungen, z. B.

---

[34]) Vergl. Entsch. des Kammergerichts I, 122 und 2, 122—5. Die Exekution in's bewegliche Vermögen führt auf ähnliche Schwierigkeiten: § 57 der Gesch.Anw. für Gerichtsvollzieher befaßt den Gerichtsvollzieher nicht nur mit Beitreibung der Judikatssumme, sondern auch der dem Gläubiger erwachsenden nothwendigen außergerichtlichen Kosten der Exekution, befaßt ihn also zugleich mit einer vorläufigen Kognition über diese Kosten, wogegen der Schuldner den Weg der Beschwerde oder des Prozesses beschreiten kann. Für den G.B.Richter fehlt es an jedem ähnlichen Anhalt für ein analoges Verfahren.

[35]) Vergl. Motive zu § 632 des Entw. (§ 703 Civ. P.O.) S. 419 (Hahn Materialien S. 446). „Sofortige" Exekution heißt nur: ohne rechtliches Gehör eintretende.

der der Kündigung und Ablauf der Kündigungsfrist, unterwirft, wodurch jene Floskel auch für Konventionalhypotheken verwerthbar wird. Um so weniger ist aber außer den Augen zu lassen, daß jene Urkunden vollstreckbar ohne Einschränkung, also vollstreckbar in das gesammte Vermögen des Schuldners sind, und daß, wenn überhaupt aus solcher Floskel die Vollstreckungsklausel auch gegen Singularsuccessoren des Schuldners ertheilt werden darf, was streitig ist[36]), damit stets Vollstreckbarkeit in das ganze Vermögen dieses Singularsuccessors erreichbar würde. Weil die Klausel des § 702 Nr. 5 sich nur auf den Personalanspruch bezieht, ist sie für Grundschulden nie verwendbar.[37]) Einschränkung der Haft auf bestimmte Objekte ist dem Gesetze unbekannt.[38])

Den Fall, daß mit dem Personalanspruch accessorisch Pfandrecht an bestimmten Sachen verbunden ist, hat man nach den Materialien der Civ.P.O. nicht in Betracht gezogen. In Landestheilen, wo die Pfandbestellung die Einrede aus § 46 I. 20 A.L.R. giebt, läuft

[36]) Die Motive sagen an der in Anm. 35 citirten Stelle: „Bei solchen Titeln, welche nicht in einer Entscheidung des Gerichts bestehen, ist für die Anwendung der Vorschriften über die Vollstreckbarkeit gegen einen Singularsuccessor und über den Vorbehalt der Rechtswohlthat des Inventars kein Raum". Diese Auffassung hat die Mehrzahl der Kommentatoren adoptirt. Dagegen Kurlbaum (Subh.O. S. 20 f. und Förster-Eccius I. 336, 923), aus Rücksichten der Zweckmäßigkeit, denen Bahlmann S. 182 beizupflichten scheint. Man vergl. dagegen Achilles zu § 44 E.G. S. 269.

[37]) Kurlbaum Subh.O. S. 22 zieht auch die Grundschulden heran: eine vollstreckbare Schuldurkunde, welche die Betheiligten wegen derselben causa errichten können, kann nur einen Personalanspruch ergeben, dessen Zusammenhang mit der Grundschuld das Gesetz negiert — die Grundschuld wird durch solchen Titel nicht vollstreckbar. Ganz ebenso liegt der zweite dort erwähnte Fall, daß der Schuldner, der dem Gläubiger ein Hyp.Instrument aushändigt, über denselben eine zweite vollstreckbare Schuldurkunde aushändigen möchte, welche des bestellten Pfandrechts nicht gedächte. Dies sind Möglichkeiten, welche für den soliden Verkehr kaum in Betracht kommen dürften.

[38]) Achilles S. 269 erklärt solche Einschränkung für zulässig dahin, daß dem dinglichen Rechte sofortige Vollstreckbarkeit zugesichert werden könne durch den Eigenthümer, wenn auch ohne Wirksamkeit gegen Singularsuccessoren. § 706 Civ.P.O. — vergl. oben Anm. 30 — ergiebt aber zur Genüge, daß die Verfasser solche Konsequenzen nicht zu ziehen gedachten. Man kann mit Kurlbaum a. a. O. aus guten Gründen auch eine Klage aus Hypothek und Grundschuld als auf Zahlung gerichtet ansehen; was sollte hieraus aber für die Deutung des Wortes „Schuldner" in § 702, also in der grundsätzlich vom Hypothekenrecht absehenden Civ.P.O., zu folgern sein?

die Klausel sofortiger Unterwerfung unter die Exekution in das gesammte Vermögen auf einen direkten Widerspruch hinaus, der nur so zu lösen, daß aus solcher Klausel Verzicht auf jene Einrede herzuleiten wäre. Exekutionsobjekt ist die Pfandsache ohnehin, falls sie zum Vermögen des Schuldners gehört; die dingliche Haftung kommt erst in Frage, wenn sie aus dem Eigenthum des Schuldners geschieden ist, Klauseln der fraglichen Art ergeben über diesen Fall gar Nichts.

Die Eintragung sichert der Hypothek die Verfolgbarkeit gegen jeden Besitzer, — dies ist materiellen Rechtens, ermöglicht die Klage gegen Singularsuccessoren des Schuldners. Die Vollstreckbarkeit ist nach Prozeßrecht zu beurtheilen; sie muß gegen jede Person, deren Vermögen in Anspruch genommen werden soll, in den geeigneten Prozeßformen festgestellt werden, wobei die Dinglichkeit des Rechts nicht weiter in Frage kommen kann, als sich aus § 44 E.G. und § 6 der Subh.O. ergiebt. Die Vollstreckungsklausel kann hier ertheilt werden bezüglich der litigiösen Sache nach §§ 655 f. Civ.P.O. behufs Subhastation derselben. Nach älterem Rechte [39]) entschied der Subhastationsrichter über die Zulässigkeit des Verfahrens gegen den Besitznachfolger, jetzt hat der Prozeßrichter derselben Kognition durch Ertheilung der Vollstreckungsklausel gegen den Singularsuccessor Ausdruck zu geben in den Formen der §§ 665—67 Civ.P.O., womit nur die Subhastation, nichts Weiteres ermöglicht wird. [40])

Man muß sich hiernach hüten, Dinge, die in der That gar Nichts mit einander gemein haben, zusammenzumischen, und hat § 702 Nr. 5 lediglich auf Personalansprüche und die Zwangsvollstreckung nach den Bestimmungen der Civ.P.O. zu beziehen.

Aus der Lehre von den Titeln zum Pfandrecht ergiebt sich dann weiter nur, daß, da ein exekutorischer Titel vorliegt, der Gläubiger nunmehr auch daraus Eintragung nach §§ 22, 23 der V.O. vom 4. März 1834 fordern kann. Immerhin wurden

---

[39]) Man vergl. Dernburg und Hinrichs S. 315 Anm. 13. Die Kommentatoren citiren mit Vorliebe eine Stelle der Motive, welche so klingt, als hätten die Verfasser der Entwürfe in § 44 EG. neues Recht zu schaffen vermeint, was nicht der Fall.

[40]) Ueber ältere Titel vergl. man § 19 d. Uebergangsbest. betr. Ges. v. 31. März 1879, wo der §§ 664 ff. Civ.P.O. gedacht ist, ohne daß das Citat weitere Schlüsse gestattete.

hier Ansprüche vorausgesetzt, welche rechtshängig geworden und in einem geordneten Verfahren festgestellt waren, das entscheidende, rein formale Kriterium ist aber nur die Vollstreckbarkeit des Anspruchs. Seitdem die Civ.P.O. diese lediglich an die oben erwähnten Voraussetzungen gebunden hat, sind entsprechende Urkunden auch eintragungsfähig geworden.[41]) Freilich ergiebt sich hieraus zugleich, daß der Schuldner hiermit in die Lage gesetzt ist, seinem Gläubiger einen Titel zur Eintragung auf alle Grundstücke, die er besitzt und bis zur Befriedigung des Gläubigers erwerben wird[42]), durch eine einfache Erklärung, welche der Eintragungsbewilligung sehr nahe kommt, nur von Bezeichnung der Belastungsobjekte absieht, zu geben — dies Alles ist aber nur eine unabweisliche Folge davon, daß die Prozeßgesetzgebung zur Anerkennung einer gewillkürten Vollstreckbarkeit fortgeschritten ist.

Aus § 23 cit. ergiebt sich dann weiter, daß, wenn für den Anspruch Hypothek eingetragen ist, sei es auf Grund besonderer Eintragungsbewilligung von vornherein, sei es auf Grund der Vollstreckungsklausel in Anlaß eines späteren Antrags des Gläubigers, von diesem Eintragung auf andere Grundstücke nicht gefordert werden kann, weil ein Titel zur Gesammtbelastung nicht gegeben ist. Kommt in solcher Weise eine Zwangshypothek zur Eintragung, so kann der Gläubiger daraus natürlich auch Subhastation gegen den persönlichen Schuldner betreiben, nicht aber auch gegen dessen Singularsuccessor, weil der vollstreckbare Titel selbst keinerlei Beziehung zu dem Grundstücke hat, letzteres durch

---

[41]) Für die exekutorischen Notariatsurkunden des französischen Rechts hat man in gleicher Weise Inskriptionsfähigkeit angenommen. Vergl. Puchelt a. a. O. S. 118. Ueber den verwandten Fall der jugements convenus, welche erst mit der Fälligkeit, also der Vollstreckbarkeit inskriptionsfähig werden, ebenda S. 117.

Das Reichsgericht hat (Gruchot 26, 701 ff) die Eintragung aus solcher Urkunde als wirksam anerkannt, selbst wenn die letztere von einem gütergemeinschaftlichen Ehemanne ohne Zustimmung der Ehefrau errichtet war, bis die letztere die Belastung mit Erfolg angefochten habe. Nach dem Legalitätsprinzip hat der Grundbuchrichter die Rechtsgültigkeit der Eintragungsbewilligung zu prüfen: es wäre daher die Eintragung abzulehnen gewesen.

[42]) Die herrschende Meinung bezüglich der Nichtkonvaleszenz der Verpfändungserklärung eines Nichteigenthümers würde dieser Wendung der Prozeßgesetzgebung gegenüber einen vollständig singulären Rechtssatz zur Geltung bringen. Die fortschreitende Gesetzgebung hat die Unhaltbarkeit dieser Doktrin unzweideutig anerkannt.

die Eintragung zwar Objekt des Erwerbs eines dinglichen Rechts, dieses Recht selbst aber noch nicht Objekt prozessualischer Verfolgung geworden ist, die Voraussetzungen des § 44 E.G. und der §§ 236 u. 665 Civ.P.O. also in der That nicht gegeben sind.[43])

Bei alledem haben die vollstreckbaren Urkunden insoweit nicht die Bedeutung eines Judikats, als nach § 705 Al. 4 Civ.P.O. Einreden aller Art gegen die beurkundete Forderung geltend gemacht werden können durch besondere Klage. Nach Eintragung der Forderung werden aber Dritterwerber derselben auf Grund des § 38 E.G. eine günstigere Stellung auch in diesen Fällen für sich in Anspruch nehmen können, womit die Ausnahmebestimmuug der Civ.P.O. insoweit ihre Bedeutung verliert.

Die vollstreckbaren Urkunden des § 702 Nr. 5 sind hiernach wenig geeignet, für den Hypothekenverkehr Bedeutung zu erlangen: der Schuldner, der dauernden Kredit, der Gläubiger, welcher dauernden Zinsgenuß und leichte Veräußerlichkeit der Hypothek sucht, fassen den Fall der Zahlung nur als äußerste Eventualität in's Auge. Von Wichtigkeit wäre die Klausel der Vollstreckbarkeit nur betreffs der Zinsen, deren prompte Zahlung der Gläubiger regelmäßig verlangt: könnte die Vollstreckungsklausel gegen Singularsuccessoren erlangt werden, so wäre der Gläubiger mit Eintritt jeden Zinstermins im Besitz eines Titels, welcher mit Ertheilung der Vollstreckungsklausel gegen den Singularsuccessor dessen ganzes Vermögen dem Angriffe des Gläubigers aussetzen würde.[44])

---

[43]) So auch Achilles S. 269 wider Kurlbaum a. a. O., desgl. Dernburg I. 853, Bahlmann S. 182, Wachler Subh.O. S. 36, Jäckel Subh.O. S. 22 f., Johow 8, 30. Für die gegentheilige Meinung hatte sich das O.Trib. (Entsch. 30, 212) erklärt, wovon es später (Gruchot 23, 750) zurückgekommen ist.

[44]) Einzelne Pfandbriefinstitute lassen sich in der That vollstreckbare Urkunden für die Zinstermine geben und den Eigenthümer seine Erklärungen für alle künftigen Erwerber abgeben, wohl auch die Eintragung solcher Klausel bewilligen. Dergleichen gehört nicht in das G.B.: ob eine Behörde auf solche Grundlagen hin die Vollstreckungsklausel gegen Besitznachfolger ertheilen möchte, steht natürlich dahin. Geschähe es, so würde der Sing.Successor solches Verfahren durch Klage mit Erfolg anfechten können. Deshalb kann doch die schreckhafte Klausel die Pünktlichkeit der Zinszahlung thatsächlich fördern.

Die Praxis hat vielfach Klauseln der erwähnten Art eingetragen (v. Wilmowski und Levy, Civ.P.O. zu § 665, — Entsch. des Kammerg.G. 2, 327). — Das Kammergericht hat sich gegen die Statthaftigkeit solcher Vermerke, welche

Es fehlt an jedem Anhalt dafür, daß die Civ.P.O. derartige Anwendungen des § 702 möglich machen wollte.

h. Neben den Gerichten hat längst den Verwaltungsbehörden des Staats und der Kommunen bezüglich der in ihr Ressort fallenden Angelegenheiten ein umfassendes Exekutionsrecht zugestanden, selbst wenn der Rechtsweg vor den Gerichten bezüglich derselben Ansprüche nicht völlig ausgeschlossen, Rückforderung beigetriebener Beträge auf Grund richterlicher Urtheile also statthaft war. Trotz des in die Augen springenden Unterschiedes der im Verwaltungswege ergehenden Entscheidungen von den gerichtlichen Urtheilen, wonach jene nie in gleichem Sinne, wie diese, in Rechtskraft treten können[45]), hat man beide doch, lediglich am Kriterium der Vollstreckbarkeit festhaltend, grundsätzlich gleichgestellt und demgemäß aus vollstreckbaren Verfügungen der Verwaltungsbehörden sehr bald auch einen Titel zur Eintragung hergeleitet.[46]) Die Praxis hat aus den schon erörterten Gründen solche Entscheidungen als definitiv vollstreckbare behandelt und demgemäß definitive Eintragungen darauf hin veranlaßt. Das Verfahren war aber — abgesehen von den Gerichtskosten — von geringer praktischer Bedeutung, weil zweijährige Rückstände an Steuern und Abgaben aller Art auch ohne Eintragung im Konkurse und der Subhastation vor den Hypotheken gedeckt wurden und längere Kredite für die Finanzverwaltung des Staates und der Kommunen nicht in Betracht kommen konnten. Demgemäß übergeht die das Verfahren der Verwaltungsbehörden regelnde V.O. vom 30. Juli 1853 (G.S. S. 909) § 10 die Eintragung als Exekutionsmodus mit Stillschweigen.

---

mit dem Grundbuchwesen gar Nichts zu thun haben, erklärt. Man vergl. auch die Abhandlung von Schultzenstein a. a. O. S. 317 ff.

[45]) Das Beschwerdeverfahren in Verwaltungssachen ist neuerlich durch Einführung bestimmter Fristen und Formen vielfach so gegliedert, daß Entscheidungen für die Betheiligten formell unanfechtbar werden, von Aufsichtswegen kann aber vielfach auch dann noch eine Abänderung erfolgen. Ueber den praktisch wichtigsten Fall der Gerichtskosten ist schon oben unter I. bei Anm. 25—27 gehandelt.

[46]) Die Kab.O. v. 6. Mai 1836 (G.S. S. 194) sprach aus, daß der Verwaltungsexekution der Regierungen dieselbe Wirkung beizulegen, wie der der Gerichte; der Justizminister (Just.Min.Bl. 1840 S. 323) folgerte — allerdings den Titel des Fiskus zum Pfandrecht zugleich heranziehend — hieraus die Zulässigkeit der Eintragung.

Neuerlich hat sich die V.O. betreffend das Verwaltungsverfahren wegen Beitreibung von Geldbeträgen[47]) vom 7. September 1879 (G.S. S. 391) auf den entgegengesetzten Standpunkt gestellt. Sie erklärt in § 54 die Vollstreckungsbehörden dazu legitimirt, den Antrag auf Eintragung der Forderung nach § 22 des Ges. vom 4. März 1879 zu stellen. „Die Vollstreckbarkeit der Forderung und die Zulässigkeit der Zwangsvollstreckung unterliegen nicht der Beurtheilung des Gerichts."[48]) Dieser Grundsatz entzieht dem Grundbuchrichter die Prüfung, welche ihm nach dem angezogenen § 22 zusteht, und ergiebt, daß es in Wahrheit in diesen Fällen bei dem älteren Systeme der Requisitionen geblieben ist. Der G.B.Richter wird den Antrag nur wegen aus dem G.B. sich ergebenden Anständen ablehnen, nur Angabe des Schuldgrundes, nicht aber Vorlegung einer vollstreckbaren Urkunde, Nachweis der Zustellung derselben u. dergl. m. fordern dürfen. Die Spezialitätsmaxime ist stets gewahrt, da nur Geldforderungen in Reichswährung in Frage stehen. Es handelt sich bei alledem nicht um Ansprüche, welche ein privatrechtliches Kreditverhältniß ergäben: die Eintragung erfolgt für ein Schuldverhältniß, welches noch weiterer Erörterung unterliegen kann, so daß sich solche auch Singularsuccessoren trotz der definitiven Eintragung gefallen lassen müßten, wenn solche Hypotheken in Cirkulation gesetzt werden sollten.

---

[47]) Alle erörterten Exekutionsmaaßnahmen der Civ.P.O. sind den Verwaltungsbehörden ebenfalls ermöglicht, soweit es sich um Geldansprüche handelt. Auf executio ad faciendum oder ad omittendum bezieht sich die V.O. nicht, daher blieb es bei dem älteren Rechte. Jetzt sind die §§ 68—71 des Ges. v. 26. Juli 1880 (G.S. S. 291) maaßgebend, welche ebenfalls zu Eintragungen führen können, aber noch nicht im ganzen Gebiete der G.B.O. gelten. Man vergl. über die Verwaltungsexekution v. Rönne preuß. Staats-R. (§ 100).

Nach § 1 der V.O. v. 7. September 1879 sind den Verwaltungsbehörden zugerechnet die Verwaltungsgerichte, die Auseinandersetzungsbehörden und solche Institute, denen Zwangsvollstreckung zusteht, wogegen es nach § 54 für die Kreditverbände bei dem bestehenden Rechte bewendet.

[48]) Die Bestimmung entspricht den in § 2 aufgestellten allgemeinen Grundsätzen, wo ausdrücklich ausgesprochen ist, daß der Rechtsweg, wie seither, unverschränkt bleibt.

Subhastation und Sequestration ist nach § 54 nur zulässig, wenn feststeht, daß der Anspruch durch Pfändung nicht beizutreiben ist.

B. Vorläufige Eintragung

der Personalforderung erfolgt

a. auf Grund vorläufig vollstreckbarer Urtheile. Im Anschluß an die V.O. von 1834 bestimmt § 22 des Gesetzes vom 4. Mai 1879 Al. 3, daß aus solchen Titeln „nur eine Vormerkung einzutragen sei". Da der lediglich auf definitiver Vollstreckbarkeit beruhende Titel zur Eintragung noch nicht besteht, so ist der Ausdruck „Vormerkung" in einem weiteren Sinne gebraucht, als ihm in den Erörterungen unter I. beigelegt werden konnte. Die Terminologie hat an Sicherheit hierdurch nicht gewonnen, die Absicht des Gesetzes wird hierdurch aber nicht verdunkelt.

Der Unterschied vorläufiger und definitiver Vollstreckbarkeit ist für die nächsten Wirkungen der Zwangsvollstreckung in das bewegliche Vermögen des Schuldners ohne Belang[49]: der Gläubiger erlangt in beiden Fällen Pfand- und entsprechendes Vorzugsrecht und nach Realisirung des Pfandes Zahlung. Die Klausel nur vorläufiger Vollstreckbarkeit sichert dem Schuldner für den Fall der Aufhebung des damit versehenen Urtheils nicht den Anspruch auf Wiederherstellung des durch die Pfändung alterirten Zustandes, sondern nur einen persönlichen Anspruch auf Erstattung der erzwungenen Leistungen (§ 655 Civ.P.O.). Die im Zwangswege erfolgende Eintragung erweist sich auch hier verschiedener Natur, sie kann dem bestehenden Unterschiede entsprechenden Ausdruck im Grundbuche verleihen, ein derartiges Verfahren wird durch die erwähnten Gesetze gewährleistet.

b. Von den in § 702 Civ.P.O. aufgeführten vollstreckbaren Titeln führen auch die Vollstreckungsbefehle, welche ausnahmsweise auch den Betrag der Kostennebenforderung feststellen und nach § 704 der Regel nach keiner Vollstreckungsklausel bedürfen, nur zu vorläufiger Eintragung nach § 639, 640. Sie können nur Ansprüche gleicher Art feststellen, wie die unter A g. erwähnten vollstreckbaren Urkunden, und können Vorbehalte von Gegenleistungen nicht aufnehmen, weisen also zur Eintragung besonders geeignete Forderungen aus.

Das neue Prozeßrecht hat die Bedeutung der beiden Titel

---

[49]) Hieraus erklärt sich, daß § 702 Civ.P.O. Titel beiderlei Art als gleich qualificirt neben einander stellen konnte.

unter a. und b. für das Grundbuchwesen beträchtlich gesteigert, sofern es die Ertheilung der Klausel vorläufiger Vollstreckbarkeit durch den Prozeßrichter in jeder Weise begünstigt (§§ 648—50 Civ.P.O.), die Zuständigkeit der Amtsgerichte betreffs des Mahnverfahrens nicht eingeschränkt hat.

Voraussetzung der Eintragung in beiden Fällen ist natürlich, daß dieselbe nicht durch bestimmte andere Gesetze ausgeschlossen ist, namentlich nicht durch §§ 23, 24 E.G. Die Anhänger der herrschenden Meinung werden also nur Ansprüche auf Zahlungen in Reichswährung und Ansprüche auf andere Leistungen, nur wenn sie in dem vorgelegten Titel auf einen Maximalbetrag in Reichswährung veranschlagt sind, als Hypothek oder Kautionshypothek vormerken lassen.

Geht man dagegen, wie oben begründet worden ist, davon aus, daß die V.O. vom 4. März 1834 jedem Gläubiger das Recht giebt, seinen vollstreckbar festgestellten Anspruch eintragen zu lassen, und daß der Mangel quantitativer Bestimmtheit nur für die Form der statthaften Eintragung maaßgebend wird, so ergiebt sich hieraus, daß auch vorzumerken sind

c. Ansprüche unbestimmten Betrages auf Fungibilien oder Handlungen aller Art, mögen sie durch rechtskräftige oder durch vorläufig vollstreckbare Titel festgestellt sein.

Für diese Ansicht spricht der Wortlaut des § 22 des Ges. vom 4. März 1879 durchaus, wenn er für „die nach den bestehenden Vorschriften im Wege der Zwangsvollstreckung zu beanspruchende Eintragung einer vollstreckbaren Forderung in einem Grund- oder Hypothekenbuch" demnächst ein anderes Verfahren vorschreibt. Der Anspruch auf Eintragung, also der Titel zum Pfandrecht, soll nach den bestehenden Vorschriften, also dem bestehenden materiellen Rechte beurtheilt werden.

Endlich leuchtet ein, daß alle Fälle definitiver Eintragung, wie sie unter A. zusammengestellt sind, insoweit hierher zu rechnen sein würden, als man nur die definitive Vollstreckbarkeit einzelner jener Titel unter den schon dort berührten Gesichtspunkten in Zweifel ziehen möchte. Eine Geldforderung, der man nur definitive Vollstreckbarkeit absprechen möchte, wird dann jedenfalls vorzumerken sein.

Die vorläufige Eintragung schließt bis zur Umschreibung in eine definitive Belastung die Ordrequalität der vorgemerkten Hypothek aus, so daß dem Schuldner bis dahin alle seine Einreden erhalten bleiben — die Umschreibung erfolgt auf Grund des vollstreckbaren Titels, welcher die rechtskräftige Feststellung des vorgemerkten Anspruchs und, soweit die Vormerkung dessen Betrag unbestimmt ließ, zugleich die rechtskräftige Zurückführung desselben auf einen bestimmten Geldbetrag ausweist.

Das ältere Recht ließ, wie die Eintragung der Zwangshypotheken, so auch deren Löschung durch den Prozeßrichter herbeiführen (E.G. §§ 58, 59, G.B.O. § 92), zog aber für die Löschung auch den Betrieb des Eigenthümers in Betracht. Mit Beseitigung des Requisitionssystems für die Eintragung ist es auch für die Löschung weggefallen. Der Eigenthümer hat jetzt entsprechende Titel, also Quittung oder Löschungsbewilligung des Gläubigers oder dieselbe ergänzende rechtskräftige Erkenntnisse vorzulegen. Erkenntnisse dieses Inhalts, welche für vorläufig vollstreckbar erklärt sein möchten, führen trotz § 648 Nr. 5 [50]) Civ.P.O. aus den schon oben unter I. (bei Anm. 20) erwähnten Gründen nicht zur Löschung definitiv oder vorläufig eingetragener Zwangshypotheken. Der Rechtserwerb durch Eintragung ist thatsächlich, in mehr oder minder vollkommener Form, erfolgt und darf nicht auf Grund eines nur vorläufig vollstreckbaren Titels vollständig beseitigt werden. Nach älterem Rechte stand dies außer Zweifel [51]): mit allen Grundanschauungen desselben wäre unvereinbar gewesen, denselben Anspruch, je nachdem er im Instanzenzuge verschiedene Beurtheilung findet, eintragen, löschen, wieder eintragen zu lassen. Ueber die Absicht einer Abänderung ist Nichts bekannt, aus dem Schweigen der Uebergangsgesetze über diesen Punkt bezüglich der hier in Frage kommenden Fälle Nichts zu folgern.

5. Es erübrigt nur noch, das für den Betrieb der Eintragung maaßgebende Verfahren darzulegen.

Erwähnt wurde schon, daß das ältere Recht am Requisitionssystem festhielt und daß letzteres neuerlich beseitigt worden ist.

---

[50]) Nach den Motiven der Civ.P.O. hat man es für geboten erachtet, dem gesteigerten Rechte des Gläubigers entsprechende Bestimmungen zum Schutze des Schuldners zur Seite zu stellen — dies beweist aber Nichts für die Löschung, sondern nur dafür, daß der Schuldner vormerken lassen kann, daß er einen Anspruch auf Löschuug erstritten habe.

[51]) Vergl. Dernburg und Hinrichs S. 361—2.

Dies trifft jedoch vollständig nur für Schuldverhältnisse zu, welche lediglich auf der Vereinbarung der Betheiligten beruhen, oder doch rein privatrechtlicher Natur sind. Der Ausnahmefälle, für welche das Requisitionssystem beibehalten worden ist, ist schon oben gedacht [52]): von diesen wird im Folgenden abgesehen.

Seitdem der vollstreckbare Titel als Titel zum Pfandrecht gesetzlich anerkannt war, konnte der Gläubiger seinen Schuldner behufs der Eintragung der Zwangshypothek durch den G.B.Richter [53]) dazu anhalten lassen, sich als Eigenthümer ihm gehöriger Grundstücke eintragen zu lassen. Unerreichbar war dies seit Annahme des Auflassungssystems betreffs solchen Grundbesitzes, bezüglich dessen der Schuldner nur einen Anspruch auf Auflassung erworben hatte. [54])

Eine sehr bemerkenswerthe Aenderung dieser Rechtslage hat § 17 des A.G. zur Civ.P.O. vom 24. März 1879 herbeigeführt.

---

[52]) Uebergangen sind seither die Ersuchen der Auseinandersetzungs-Behörden, weil diese nur in seltenen Fällen auf Eintragungen der hier fraglichen Art gerichtet sein können. Für diese ist es durchaus beim älteren Rechte verblieben, welches insoweit auch nicht durch § 12 E.G. (vergl. Förster-Eccius I. 333 Anm. 1) eine Abänderung erlitten hat. Diese Behörden waren nie auf eine vermittelnde Thätigkeit beschränkt, hatten nicht, wie die Prozeßgerichte, lediglich Parteianträge zu realisiren, sondern waren zugleich mit der Wahrnehmung der Rechte bei dem Verfahren nicht zugezogener Interessenten befaßt und hatten daher von Amtswegen die Berichtigung der Grundbücher nach ihren Rezessen zu betreiben, welchen die Bedeutung vollstreckbarer Titel im weitesten Sinne gesichert ist. Der naheliegende Gesichtspunkt zu leistender Rechtshülfe versagt, weil diese Behörden, obwohl unzweifelhaft fora specialia causae, doch nicht den in § 87 A.G. z. Ger.Verf.Ges. allein in Betracht gezogenen Gerichten zuzurechnen sind.

Das Ges. v. 18. Februar 1880 (G.S. S. 59 ff.) hat das Verfahren im Anschluß an die Civ.P.O. in §§ 84 ff. auch betreffs der Zwangsvollstreckung neu geregelt — was z. B. für die bei diesen Behörden erwachsenden Kosten wichtig ist —, das Verhältniß zu den Grundbuchbehörden aber unberührt gelassen.

[53]) Johow 5, 99. §§ 55, 56 G.B.O. führen zu einem lediglich präparatorischen Verfahren, welches ohne unmittelbare Bedeutung für die Eintragung der Zwangshypothek, namentlich deren Priorität ist. Vergl. Dernburg und Hinrichs S. 299 f.

[54]) Die Motive des E.G. (Werner II. 156) hielten den Zwang zum Erwerb von Eigenthum für eine rechtliche Unmöglichkeit: dieser zweifelhafte Satz (vergl. Dernburg und Hinrichs S. 281 Anm. 8) verschränkte in der hier in Frage stehenden Richtung auf Grund der unter seinem Einflusse formulirten Bestimmungen des E.G. dem Gläubiger das Zwangsverfahren.

Der Anspruch auf Auflassung ist als pfändbar anerkannt, ein demnächst vom Gericht zu bestellender und mit entsprechenden Ermächtigungen zu versehender Sequester hat die Auflassung herbeizuführen, so Eigenthum für den Schuldner zu erwerben und demnächst die Eintragung der vollstreckbaren Forderung des Gläubigers zu bewilligen. Bei Konkurrenz mehrerer Gläubiger soll der Sequester die Forderungen derselben in der durch die Zeit der Pfändungen bestimmten Reihenfolge prioritätisch eintragen, im Zweifel die Feststellung der Reihenfolge vorbehalten lassen, welche im Streitfalle durch den Prozeßrichter — offenbar nach demselben Gesichtspunkte, daß die ältere Pfändung ein Vorzugsrecht gewährt — erfolgen muß. Dem Titel zum Pfandrecht wird also durch hinzutretende Pfändung des Anspruchs auf Auflassung auch bezüglich der später erfolgenden Eintragung eine bestimmte Priorität gesichert, damit also einem Momente entscheidende Bedeutung beigelegt, von der das Grundbuchrecht, sofern es nur das Präsentatum genügend begründeter Anträge auf Eintragung in Betracht zieht, im Uebrigen grundsätzlich absieht. Die Eintragungsbewilligung des Sequesters ist nur ein eingeschobenes formales Mittelglied: in der That sichert die Pfändung, also ein dem Grundbuch vollständig fremder Akt, prioritätische Rechte für eine in Aussicht stehende Eintragung, die eigentliche Grundlage der letzteren, wie der Legitimation des Sequesters bleibt der vollstreckbare Titel, dessen Inhalt also für die Tragweite der Belastung maaßgebend sein muß.

Alle Vortheile, die hiermit in Aussicht gestellt werden, sind aber nur Gläubigern erreichbar, welche den Anspruch auf Auflassung wegen einer ihnen zustehenden persönlichen Geldforderung pfänden lassen können, da, wie schon das Citat des § 797 Civ.P.O. ergiebt, ein Fall des zweiten Abschnittes des achten Buches derselben vorausgesetzt wird. Gläubiger mit einem Titel zum Pfandrecht der oben unter I. erörterten Art sind also von der Konkurrenz ausgeschlossen, ebenso Gläubiger, deren Forderung noch nicht auf Geld reducirt ist, nach der herrschenden Meinung endlich auch Forderungen, welche zwar auf Geld, nicht aber auf eine Zahlung in Reichswährung lauten. Am ungünstigsten gestellt sind die Gläubiger der ersterwähnten Art, wenn man ihnen nach der gangbaren Lehre die Eintragung auch nach der Eintragung des Schuldners als Eigenthümers versagt und sie darauf anweist, sich nunmehr erst eine anderweite Eintragungsbewilligung zu verschaffen, wovon schon oben gehandelt ist. Nachdem § 17 cit. den Personalgläubigern in jeder Weise die Wege zur Eintragung geebnet hat, hat es schwerlich mehr Sinn, Realgläubigern fernerhin Schwierigkeiten zu machen, zu welchen keine deutliche gesetzliche Bestimmung, sondern nur eine doktrinäre, von der fortschreitenden Gesetzgebung desavouirte Auffassung nöthigt.

Die Neuerung ist übrigens nicht von allzu großer praktischer Bedeutung, weil Ansprüche auf Auflassung der Regel nach durch Vor- oder Gegenleistungen bedingt sein werden und der Sequester solchen Ansprüchen der seitherigen Eigenthümer gerecht werden, oder sie wenigstens prioritätisch sicher stellen muß.

Nach § 22 der V.O. vom 4. März 1834 hatte der Prozeßrichter, sobald und soweit Exekution zulässig war, auf Antrag des Gläubigers „die Eintragung bei der Hyp.Behörde unter Mittheilung einer mit dem Atteste der Rechtskraft versehenen Ausfertigung des Erkenntnisses, Vergleichs u. s. w., und wenn ein Instrument über den Anspruch vorhanden, unter Beifügung desselben in Antrag zu bringen, auch gleichzeitig den Schuldner davon zu benachrichtigen". Auch über die Art der Eintragung, definitive oder vorläufige, hatte der Prozeßrichter zu entscheiden, Eintragungen auf mehrere Grundstücke nur nach Maaßgabe des § 23 der V.O. vom 4. März 1834 zuzulassen.

Dieses Verfahren sicherte der einzutragenden Hypothek mit Rücksicht auf ihre accessorische Natur vollständige, den Anspruch klarstellende Unterlagen, suchte den Uebelständen, welche dem Schuldner aus mehrfacher Beurkundung derselben Schuld entstehen können, dadurch zu begegnen, daß die bezüglichen Schuldurkunden vorzulegen und mit diesen das Hyp.Instrument zu bilden war; es wahrte das Interesse des Schuldners weiter dadurch, daß dieser von dem Antrage auf Eintragung vor der letzteren Kenntniß erhielt, so daß er seine etwaigen Einreden zur Geltung bringen konnte. Im Uebrigen war klar, daß das Gesetz nur uneigentlich sagen konnte, die Eintragung erfolge im Wege der Exekution, da der vollstreckbare Titel nicht auf Eintragung lautete, kein Objekt der Belastung bezeichnete, auch weiter vollstreckbar blieb: es handelte sich vielmehr nur um einen im Titel nicht vorgesehenen, aber durch das Gesetz damit verbundenen Anspruch auf Sicherung und dessen Erledigung.

In alledem hat sich durch die Beseitigung des Requisitionssystems und Einführung des Selbstbetriebs[55]) der Eintragung durch den Gläubiger durch § 22[56]) des Ges. betr. die Zwangsvollstreckung in das unbewegliche Vermögen vom 4. März 1879 kaum Etwas geändert. Der Gläubiger muß seinen Antrag durch Beschaffung der gesetzlich erforderlichen Unterlagen begründen[57]), der Schuldner erhält aber nicht mehr Nachricht von dem Betriebe der Eintragung vor derselben, die nach § 121 G.B.O. erfolgende Benachrichtigung stellt ihn vor vollendete Thatsachen.[58]) Es liegt deshalb, noch mehr wie seither, jetzt in seinem Interesse, durch das Erkenntniß das Schuldverhältniß in allen Einzelnheiten klarstellen, Bedingungen und Vorbehalte zu seinen Gunsten in den Tenor aufnehmen zu lassen, wie umgekehrt der Gläubiger allen Anlaß hat, seine Anträge den Vorschriften des Grundbuchrechts

---

[55]) Dies Verfahren war im Bezirke Ehrenbreitenstein nach § 8 des Ges. v. 2. Februar 1864 das legale, wurde aber nach Ansicht des O.Trib. (Entsch. 79, 122) durch § 19 E.G. beseitigt.

[56]) Das zweite Alinea des § 22, welches der auf Grund erkannter Immission zulässigen Eintragung gedenkt, ist vom Abg.Hause nur im Interesse gemeinrechtlicher Landestheile (vergl. § 15 des Ges. v. 29. Mai 1873 für den Bezirk Cassel) beigefügt, daher hier nicht zu erörtern.

Immission wird auch in § 490 I. 20 A.L.R. erwähnt, aber nicht als ein Akt, der im Grundbuch einzutragen wäre. Die Bemerkung der Motive zum E.G. (Werner II. 32), daß Immission im Gebiete des A.L.R. vollständig antiquirt sei, ist nicht zutreffend, wie unter IV. darzulegen sein wird.

[57]) Das Gesetz verweist auf die „bestehenden Vorschriften", seine Motive erkennen dies ausdrücklich an.

[58]) Die Vorschriften der Civ.P.O., welche das Interesse des Schuldners wahren (§§ 668, 686 ff.), sind dem eigentlichen Zwangsvollstreckungsverfahren angepaßt, welches nicht hinter dem Rücken des Schuldners durchgeführt werden kann. Sie sind anwendbar nur auf den Fall der Subhastation (§§ 9, 10 des Ges. v. 4. März 1879), nach dem thatsächlichen Verlaufe aber nicht auf die Zwangseintragung, welche durch die Ordrequalität der entstehenden Hypothek die Gefahr für den Schuldner steigert. Der Grundbuchrichter trifft keine Entscheidung im Sinne der Civ.P.O., die Eintragung unterliegt nur der Anfechtung nach materiellem Recht.

Deshalb ist der die Militärpersonen betreffende § 673 Civ.P.O. nur auf den Fall der Subhastation, nicht den der Eintragung anzuwenden. A. M. Turnau G.B.Ges. S. 52.

Der Unterschied von den unter I. erörterten Fälle tritt klar hervor, sofern in diesen der vollstreckbare Titel seinem Inhalte nach auf die Eintragung und nur darauf gerichtet ist.

anzupassen, zur Eintragung geeignete Parteibezeichnungen zu wählen, z. B. neben der Firma des Einzelkaufmanns dessen Namen anzugeben, Haupt- und Nebenforderungen gehörig zu sondern, den Schuldgrund zu bezeichnen, um unter solchen Gesichtspunkten zu erhebenden Beanstandungen zuvorzukommen.[59])

Im Einzelnen ist nur noch Folgendes zu bemerken.

Der Gläubiger hat den Antrag auf Eintragung unmittelbar bei dem Grundbuchrichter zu stellen: einer Beglaubigung des Antrags bedarf es nicht, obwohl der vollstreckbare Titel Nichts über die Eintragung, über das Objekt der Belastung ergiebt, dies wesentliche Moment vielmehr lediglich durch den Antrag festgestellt wird, der Gläubiger also durch denselben entsprechende Verantwortlichkeit übernehmen muß.[60]) Es handelt sich nicht um den

---

[59]) Mängel der angedeuteten Art finden sich in preußischen Urtheilen häufig: die richterliche Leitung der Exekution nach dem bisherigen Rechte war ein Anlaß dazu. Der Prozeßrichter konnte innerhalb der kurzen Periode der Vollstreckbarkeit der Erkenntnisse sich für berechtigt halten, den Tenor aus den Gründen zu erläutern, durch Beseitigung etwaiger Unklarheiten im Wege der Auslegung beiden Theilen zu Hülfe zu kommen — Behelfe, von denen nach jetzigem Recht keine Rede sein kann.

In den hier besprochenen Fällen liegt für das den Prozeß verhandelnde Gericht nicht, wie unter den oben berührten Voraussetzungen (vergl. I. Anm. 3. 6.), Anlaß vor, eine Offizialthätigkeit zu üben: es ist nur mit der Entscheidung über einen Personalanspruch befaßt.

[60]) Für Fälle dieser Art sind die Voraussetzungen des § 33 G.B.O. nicht gegeben, so daß kein Anlaß bestand, von der Regel der Beglaubigung abzusehen. Der Betrieb der Exekution wird subalternen Händen überlassen, welche Diligenz nur im Interesse des Gläubigers aufzuwenden pflegen. Irrungen der bei Dernburg und Hinrichs S. 120 Anm. 3 und S. 285 Anm. 16 erwähnten Art sind in Folge dessen Nichts weniger als selten und führen zu schweren Rechtsverletzungen, wie der Fall Entsch. des Reichsger. 1, 165 ff. anschaulich machen kann. Der Gläubiger wird die Vertretung mit Recht ablehnen, wenn er den Antrag in der That nicht veranlaßt hat.

Es ist schon oben (I. Anm. 21.) berührt, daß Anträge des Anwalts des Gläubigers nur bei Vorlegung genügender Vollmacht Berücksichtigung finden können. Die Praxis stellt sich zu derartigen Schwierigkeiten so, daß der Antrag des Gläubigers durch das Bureau des Anwalts mit dessen Namen gezeichnet wird. Durch solche Anträge geschädigte Eigenthümer werden mit ihren Ersatzansprüchen schwer durchzudringen vermögen. Von dem Requisite der Beglaubigung abzusehen, ist um so weniger nahe gelegt, als Anträge der Gläubiger ohne sachverständige Hülfe selten sachentsprechend und erschöpfend zu Stande kommen werden.

Belastungswillen des Eigenthümers, sondern des Gläubigers: dieser hat die Grundstücke genau zu bezeichnen, denen gegenüber er von seinem Titel zum Pfandrecht Gebrauch machen will, auf mehrere seine Forderung zu vertheilen.

Nach § 22 V.O. vom 4. März 1834 sind Urtheile mit dem Atteste der Rechtskraft vorzulegen, nach §§ 662, 663, 702—5 Civ.P.O. bedarf es für alle Titel — mit Ausnahme der Vollstreckungsbefehle — der Beifügung der Vollstreckungsklausel, welche die Vollstreckbarkeit in der für die Exekutionsinstanz maaßgebenden Form feststellt. Betreffs solcher von den dazu berufenen Beamten ertheilten Bescheinigungen hat der Grundbuchrichter nicht eine Nachprüfung vorzunehmen, ob sie mit Recht ertheilt seien. Endlich muß aus den schon oben (S. 9) erörterten Gründen die Zustellung an den Schuldner erhellen.

Beizufügen sind weiter vorhandene Schuldurkunden zur möglichst deutlichen Feststellung des Schuldgrunds: handelt es sich um Wechsel oder ähnliche Papiere, so führt der Mangel derselben zur Zurückweisung des Antrags. In anderen Fällen wird die Praxis mit der Eintragung auf Grund des vollstreckbaren Titels verfahren: läßt derselbe keinen Schuldgrund entnehmen, so ergiebt sich daraus Anfechtbarkeit der erfolgten Eintragung.[61]) Für nur vorläufige Eintragungen ist die gleiche Strenge nicht geboten: bei der Umschreibung der Vormerkung in eine Hypothek muß aber den Anforderungen des Gesetzes jedenfalls genügt werden.

Die Kognition über den Antrag steht nunmehr lediglich dem Grundbuchrichter zu: Beschwerden über seine Beschlüsse finden daher in dem Instanzenzuge für Grundbuchsachen ihre Erledigung. Ist nach Lage des Falls ein Hypothekenbrief zu bilden, so ist damit „die Schuldurkunde" zu verbinden (§ 122 G.B.O.), d. h. jede Urkunde, welche nach Lage des Falls die eingetragene Schuld in irgend einer Richtung ausweist, also auch der vollstreckbare Titel, der für die Nebenforderungen in Betracht kommt, sind an-

[61]) Man vergl. Striethorst Arch. 100, S. 218. Der Gläubiger hat nicht das Recht, den Grundbesitz des Schuldners abstrakt — mit einer Art Grundschuld — zu belasten, sondern nur das Recht, seinen Personalanspruch, welcher nur durch den Schuldgrund zu qualificiren ist, eintragen zu lassen. Ein Realrecht kann nur in solcher Weise erworben werden, und selbst der Schuldner kann den Mangel der wesentlichen Voraussetzungen noch in der Subhastation durch Anfechtung geltend machen.

zuheften, wodurch zugleich dem schon berührten Gesichtspunkte des älteren, das Interesse des Schuldners wahrenden Rechts genügt wird. Herr des Verfahrens ist in allen formalen Beziehungen nach § 22 des Ges. vom 4. März 1879 lediglich der Gläubiger, er kann auf Bildung eines Hyp.Briefes verzichten, nach seinen Anträgen ist mit dem letzteren zu verfahren.[62])

Sobald die Eintragung erfolgt ist, können, da kein Titel zur Korrealhypothek gegeben und dem Gläubiger ein jus variandi nicht zuzuerkennen ist, von demselben Anträge auf weitere Eintragungen nicht gestellt werden. Wohl aber kann er, da er nur Sicherung gewonnen hat, weiter Zwangsvollstreckung in das bewegliche Vermögen des Schuldners betreiben, welchem überlassen bleibt, hiergegen aus der Eintragung herzuleitende Einreden zur Geltung zu bringen. Indeß leuchtet ein, daß die mit der Zwangsvollstreckung befaßten Beamten ihrerseits nicht vollständig von der aus dem vollstreckbaren Titel ersichtlichen Eintragung absehen dürfen. Es ergiebt sich daraus, daß der Schuldner nun nur noch gegen löschungsfähige Quittung und gegen Rückgabe des gebildeten Hyp.Briefs Zahlung zu leisten hat. Wie die Vollstreckungsklausel den vollstreckbaren Titel in gewissem Maaße zum Träger der vollstreckbaren Forderung erhoben hat, sofern dessen Besitz den Gerichtsvollzieher nach §§ 674, 676 Civ.P.O. zur Zwangsvollstreckung legitimirt, so hat ihm die Eintragung nach den Grundsätzen des Grundbuchrechts eine ähnliche Bedeutung innerhalb des Verkehrs verliehen, von welcher unmöglich abgesehen werden kann. Da die Gesetzgebung noch nicht dazu vorgeschritten ist, dem Gerichtsvollzieher als legitimirt zur Ertheilung löschungsfähiger Quittung Namens des Gläubigers anzuerkennen, seine Quittung auf dem vollstreckbaren Titel als Urkunde einer öffentlichen Behörde im

---

[62]) Die Kommentare zu § 122 G.B.O. scheinen in manchen Beziehungen andern Meinungen zu folgen, sind aber, soviel ich sehe, nicht näher auf die Eigenthümlichkeiten der Zwangshypotheken eingegangen. Der Hyp.Brief hat für die letzteren nicht die gleiche Wichtigkeit, wie für Konventionalhypotheken.

In den Fällen, in denen trotz des Ges. v. 4. März 1879 in dessen Formen doch noch immer nach dem Requisitionssystem zu verfahren ist (vergl. oben S. 13, 14, 29, 30, 31), wird im Anschluß an das ältere Recht (A.Hyp.O. II. § 45, §§ 14, 15 Novelle und Art. 8 Nr. 3 der Min.Instr. dazu) als „Schuldurkunde" das Ersuchen selbst zu betrachten und der Hyp.Brief mit einer beglaubigten Abschrift desselben zu bilden sein.

Sinne des § 35 G.B.O. nicht wird gelten können, so wird er nach der Eintragung den Gläubiger bei weiteren Akten der Zwangsvollstreckung zur Beschaffung jener Requisite zuzuziehen haben. Aehnlich hätte das Vollstreckungsgericht zu verfahren, wenn der Gläubiger nach der Eintragung sich eine Forderung seines Schuldners an Zahlungsstatt überweisen lassen wollte.

Die Civ.P.O. schließt nicht die Ertheilung mehrerer vollstreckbarer Ausfertigungen schlechthin aus (§§ 669, 670): ist der Behörde bekannt, daß eine Eintragung erfolgt ist, so kann Ertheilung einer weiteren Ausfertigung nicht bewilligt werden. Mehrfacher Eintragung derselben Forderung auf Grund mehrerer Ausfertigungen desselben Titels hätte der Grundbuchrichter, welchem ein derartiger Sachverhalt erkennbar würde, von Amts wegen entgegenzutreten.

Die vorstehende Uebersicht ergiebt, daß das Verfahren bei Eintragung der Konventional- und der Zwangshypotheken mehr und mehr ein gleichmäßiges geworden, daß der zwischen beiden bestehende Unterschied damit aber keineswegs zu beseitigen gewesen ist. Für den Verkehr besteht dieser Unterschied in voller Schärfe fort. Durch Realkreditgeschäfte sucht man dauernde Kreditbeziehungen zu begründen, deren Lösung nur für den äußersten Fall in Aussicht genommen wird. Daraus wird vollkommen verständlich, daß der solide Verkehr kein Gewicht auf die scheinbaren Vorzüge der Zwangshypotheken, die Fälligkeit des Anspruchs und seine Feststellung durch einen vollstreckbaren Titel, legt, daß er im Gegentheil einen Makel der Kreditbeziehung daraus herleiten muß, daß sie schon zu prozessualischen Weiterungen und exekutivischen Maaßnahmen ohne vollen Erfolg geführt hat. Derartige Titel kommen daher nur selten in weitere Circulation und werden nur im Nothfalle von Dritterwerbern übernommen, sie sind für den regelmäßigen Verkehr fast werthlos.

Positiv schädlich werden die Zwangshypotheken dem Realkredit des Eigenthümers, wenn sie bei Vermögensverfall desselben und schon bei eintretenden Zahlungsstockungen massenhaft zur Eintragung gelangen, keine oder höchst zweifelhafte Deckung bieten, deshalb vom Gläubiger wie dem Eigenthümer leicht aus den Augen verloren werden und in Folge dessen nach längerem Zeitverlaufe nur mit den größten Schwierigkeiten zu beseitigen sind. In dieser Beziehung hängt die geschilderte Entwicklung nahe mit dem Gange der Subhastationsgesetzgebung zusammen, welche den Gläubigern immer schneidigere Angriffsmittel an die Hand gegeben hat, so daß die zur Herbeiführung gesunder Grundbuchverhältnisse unter solchen Umständen durchaus gebotene Reinigung des Foliums von werthlosen Belastungen regelmäßig innerhalb mäßiger Fristen erreichbar wird. Eine Erschwerung der Subhastation muß in dieser Richtung zur Folge haben, daß eine große Anzahl Folien für den Zweck, für welchen sie geführt werden, den Realkredit des Eigenthümers zu fördern, für lange Zeit unbrauchbar wird.

Der Schuldner belasten die Zwangshypotheken mit gehäuften Kosten und den sich aus der Ordrequalität ergebenden Gefahren. Die durch die Lage desselben nahegelegte Konsequenz, solchen Hypotheken die Ordrequalität zu entziehen, deshalb Hypothekenbriefe darüber nicht bilden zu lassen, hat die Gesetzgebung seither nicht gezogen.

Bei alledem giebt das preußische Grundbuch auch von so verwickelten und unerfreulichen Belastungszuständen immer noch ein klares Bild. Auch dieser Vorzug geht verloren, wenn der Buchführung nicht klare rechtliche Grundlagen gegeben und erhalten werden können. Dieser Uebelstand tritt hervor bei den nunmehr in Betracht zu ziehenden, der Zwangsbelastung verwandten Fällen.

III. Die Arrestprotestationen.

1. Eine vollständige Darstellung der Geschichte der nunmehr zu berührenden Kontroverse über die Wirkung eingetragener Arreste an der Hand der darüber vorliegenden umfangreichen Literatur[1]) könnte nur am Orte erscheinen, wenn daraus eine durchgreifende Lösung der bestehenden Zweifel hergeleitet werden könnte. Da die Lage der Gesetzgebung ein derartiges Ergebniß

[1]) Eine Zusammenstellung derselben findet man z. B. bei Turnau I. 294 ff. Daneben ist auf die neuerlich erschienene interessante Abhandlung von Niedieck (Gruchot 26, 545 ff.) zu verweisen.

der Untersuchung nicht erreichbar erscheinen läßt, so kann es hier nur darauf ankommen, im Anschluß an die vorausgeschickten Erörterungen den jetzigen Stand der Streitfrage in thunlichster Kürze darzulegen und nur einzelne mit der vorausgeschickten Erörterung in Zusammenhang stehende Seiten der Sache näher zu berühren. —

Ein Personalgläubiger ohne Titel zum Pfandrecht und ohne Anspruch auf Kautionsbestellung kann dem Schuldner im Interesse der dereinstigen Deckung seiner Forderung ihm nachtheilige Verfügungen gerichtlich untersagen und durch weitere Maaßnahmen unmöglich machen lassen, wenn er glaubhaft machen kann, daß der Schuldner ihm die noch vorhandenen Deckungsmittel zu entziehen suche. Der Arrestschlag wird nicht auf ein besonderes Recht des Gläubigers, sondern auf ein zu mißbilligendes Verhalten des Schuldners gegründet, das Einschreiten des Gerichts gewährt rechtspolizeilichen Schutz, nicht Rechtsschutz, es nimmt aus ethischen Motiven gefährdete Interessen gegen unlautere Absichten und deren Verwirklichung wahr, kommt aber deshalb dem Gläubiger nicht für seine Person, sondern in dieser der gesammten Gläubigerschaft des unsoliden Schuldners zu Hülfe durch Aufrechterhaltung des bedrohten status quo.

Die A.G.O. (§§ 80 ff. I. 29) hat sich vollständig auf diesen Standpunkt gestellt: sie läßt Verbote zu, welche dem Schuldner jede dem Gläubiger nachtheilige Verfügung über das Arrestobjekt untersagen, und erklärt dagegen verstoßende Akte dem Gläubiger gegenüber für nichtig, wenn der Arrestschlag dem aus der Disposition Berechtigten zur Zeit seines Erwerbs bekannt war. Jedes aus der Maaßnahme herzuleitende Vorzugsrecht spricht sie aber dem Gläubiger ausdrücklich ab, und hält damit an der Gleichberechtigung aller [2]) Gläubiger fest, soweit diese nicht schon durch das Konkursrecht [3]) gesetzlich in Frage gestellt war. Das Arrest-

---

[2]) Beschränkung des Schutzes auf Ansprüche bestimmter Art, insbesondere Geldforderungen, wäre auf diesem Standpunkte widersinnig gewesen: nicht der zufällige Inhalt der Obligation, sondern nur die Gefährdung des Gläubigers kommt in Betracht. Man vergl. z. B. den Fall Striethorst Arch. 8, 157 ff. Die Novelle sieht in § 52 von Unterschieden jener Art ebenfalls ab.

[3]) § 192 der Hyp. und Konk.O. von 1722 gab im Konkurse dem Arrestanten am Arrestobjekte ein besonderes Vorzugsrecht, wenn sein Arrestschlag der Konkurs-Masse die Sache gerettet hatte, die A.G.O. behielt es bei (§ 87 I. 29).

objekt blieb also den Angriffen anderer Gläubiger ausgesetzt, die Konkurseröffnung erledigte alle älteren Arrestschläge. Das an den Schuldner erlassene Verbot hatte keine Bedeutung für den wahren Eigenthümer des Arrestobjekts, konnte also diesem nachtheilige Rechtsfolgen nicht begründen[4]): der rein negative Inhalt der Maaßnahme bindet nur den Willen der Person, gegen die sie gerichtet wird, und läßt davon unabhängige Rechtsverhältnisse unberührt.

Zuzugeben ist, daß die A.G.O. in allen ihren Einzelnbestimmungen nur Arrestschläge auf bewegliches Vermögen in Aussicht genommen hat, daß Eintragung des Arrestes auf Grundstücke der älteren Gesetzgebung überhaupt unbekannt ist.[5]) Aus diesem Schweigen ist aber nur zu folgern, daß die Schwerfälligkeit des älteren Immobiliarverkehrs von solchen Maaßnahmen damals noch absehen ließ. Sobald ein Bedürfniß dazu hervortrat, mußte man in der Eintragung ein erwünschtes Mittel sehen, dem Veräußerungsverbote volle Publizität zu geben, dem Arrestaten die durch das Hyp.Buch gebotene Verkehrslegitimation zu entziehen durch Eintragung einer Dispositionsbeschränkung.[6]) Die Praxis

---

[4]) Das Auflassungssystem hat diesem für das ältere Recht wichtigen Satze, welcher zur Löschung der Arrestprotestation auf Betrieb des wahren Eigenthümers führte, die bisherige praktische Bedeutung entzogen. Unmöglich konnte es in der Absicht der Arrestgesetzgebung liegen, dem Gläubiger zur Deckung seiner Forderung aus dem Vermögen Dritter zu verhelfen. Vergl. Entsch. des O.Trib. 10, 160 ff. und 73, 106 ff., auch Dernburg und Hinrichs S. 233 Anm. 1.

[5]) Aus §§ 10—12 I. 29 A.G.O. ergiebt sich nur, daß Arrestschläge gegen Grundbesitzer nicht völlig ausgeschlossen, selbst betreffs Hypothekenforderungen für den Fall geschmälerter Sicherheit statthaft waren, auch auf Grund besonderer, in den Schuldverschreibungen üblicher, auf Unterwerfung unter den Realarrest lautender Klauseln in Antrag gebracht werden konnten. Die A.G.O. behandelt das Arrestverfahren vom prozessualischen Standpunkte aus als ein Interimistikum von kurzer Dauer.

Die A.Hyp.O. berücksichtigt nur den Arrest auf Hypotheken (II. § 233—9), schließt im Uebrigen durch § 290 II. protestativische Eintragung der Arrestforderung deutlich aus, und hat in §§ 50, 51 I. und 109, 112 II. offenbar Dispositionsbeschränkungen im Auge gehabt, welche sich gegen das Bucheigenthum richten, während die Eintragung des Arrestes umgekehrt Eigenthum und volle Dispositionsbefugniß des Schuldners voraussetzt.

[6]) Das preußische, auf Spezialität gegründete Hyp.Buch ermöglicht derartige Eintragungen, welche dem französischen Rechte und dessen System der Buchführung ganz unerreichbar sind.

ließ derartige Eintragungen zu, als die Einführung der Zwangshypotheken alle Gläubiger gefährdet erscheinen ließ, welche für ihre Forderungen vollstreckbare Titel noch nicht erlangt hatten und fürchten mußten, gegen andere, mit solchen versehene Gläubiger zurückzustehen. Es geschah dies um so unbedenklicher, als man auch die Immission vielfach als eine Beschränkung der Disposition betrachtet und gerade unter diesem Gesichtspunkte auch schon vor 1834 die protestativische Eintragung von Judikatshypotheken zugelassen hatte.[7]) Dies führte zugleich von vorneherein vielfach zu gleicher formaler Behandlung der beiden wesentlich verschiedenen Fälle.

Beiden gemeinsam ist nur die Voraussetzung eines durch den Inhalt der Obligation bestimmten Interesse des Gläubigers und der Zweck, dem letzteren Deckungsmittel zu sichern. Daneben besteht aber der qualitative und deshalb nie auszugleichende Unterschied, daß der Titel zum Pfandrecht diesen Zweck durch Erwerb eines dinglichen Rechts an der Sache erreichbar macht, daß das Gesetz dem Arrestanten dagegen solchen Erwerb mit voller Wirkung gegen dritte Personen ausdrücklich versagt und ihn nur der Vereitelung künftigen Erwerbs entgegentreten läßt. Bis der Arrestant ebenfalls einen Titel zum Pfandrecht erlangt hat, ist also eine wahre Kollision, welche Rechtserwerb verschiedener Personen an derselben Sache voraussetzt, undenkbar. Betreffs der Titel zum Pfandrecht erhellt hieraus zugleich, daß der ältere Titel zum Pfandrecht durch einen jüngeren, nur gegen weitere Dispositionen des Schuldners gerichteten Arrest unmöglich unwirksam gemacht und daher trotz des Arrestes an der Sache realisirt werden kann.[8])

---

[7]) Vergl. oben S. 18 und die Citate in Anm. 3 daselbst, weiter auch die Beleuchtung dieser Praxis von Schiller in Simon und v. Strampff, Zeitschr. 1, 368 ff.

Für die Zulässigkeit der Eintragung eines Arrestes auf Requisition des Prozeßrichters in der III. Rubrik und Statthaftigkeit der Umschreibung in eine Hypothek erklärte sich demnächst der Justizminister in den Reskripten v. 4. Februar 1833, 3. Oktober 1834 und 18. Dezember 1835 (v. Kamptz Jahrb. 41, 227; 44, 412; 48, 566, Gräff 6, 375—9; 9, 97—99): in der Motivirung treten trotz der Gleichheit des Ergebnisses dieselben Widersprüche hervor, welche später die Judikatur des O.Trib. beeinflußten.

[8]) Der IV. Senat des O.Trib. hat sich früh (1850) dieser Konsequenz entzogen und ältere Titel zum Pfandrecht gegen die Arrestforderung zurück-

Auf diesem Standpunkte konnte höchstens von Eintragung einer Dispositionsbeschränkung in Rubrik II die Rede sein, welche dem Arrestanten nachtheilige Verfügungen ausschloß. Diese Beschränkung der Tragweite des Vermerks auf Wahrung eines bestimmten Interesse, der Zweck der Sicherung desselben, die Beziehung zu einem Kreditverhältnisse, die Bestimmung des Hyp.-Buches, die Kreditverhältnisse übersichtlich zu machen, haben die Praxis bei Mangel deutlicher gesetzlicher Bestimmungen von vornherein oft die Eintragung des Arrestes in Rubrik III in der Reihe der Hypotheken vorziehen lassen. Selbst wenn man hier nicht den Arrest, sondern die Arrestforderung eintrug, genügte jeder Zusatz, der klarstellte, daß die Eintragung im Wege des Arrestes erfolgt war, um den wahren Sachverhalt buchmäßig zu machen, welcher Erwerb eines Vorzugsrechts durch solche Eintragung ausschloß. Die Verantwortlichkeit theilte sich zwischen dem Prozeß- und dem Grundbuchrichter, von denen nun jeder sich der Aufgabe überhoben glauben konnte, dem Vermerke scharfe und präcise Fassung zu sichern[9]): man überließ dem Publikum, den Sinn zu erforschen und in Streitfällen durch Prozeß in endgültiger Weise feststellen zu lassen.

Wenn demnächst § 52 der Novelle bestimmte, daß „Arreste, welche wegen Geldansprüchen oder wegen anderer Forderungen auf Grundstücke ausgebracht werden, auf Requisition des Prozeßrichters in der III. Abth. zu vermerken seien", so wurde damit die Statthaftigkeit der Maaßnahme zu Gunsten der Personalgläubiger außer Zweifel gestellt, die üblich gewordene formelle Behandlung gebilligt, im Uebrigen aber eine Aenderung der Gesetzgebung nicht herbeigeführt, zu welcher, wenn sie in der Absicht

---

gestellt, auch wenn sie vor Feststellung der letzteren eingetragen worden waren (Entsch. 19, 218 ff.). Man suchte die benachtheiligende Disposition nicht in der Bestellung des Titels zum Pfandrecht, sondern in der vom Gläubiger auf Grund desselben betriebenen Eintragung, was widersinnig ist, und that so den ersten Schritt vom Wege in der Richtung der späteren Kontroverse.

[9]) Das in Anm. 7 citirte Reskript v. 3. Oktober 1834 erklärte die Requisition des Prozeßrichters auch in dieser Richtung für maaßgebend. Die späteren Legalformulare haben von dem Fall des Arrestes geflissentlich abgesehen: man begegnet bis auf die neueste Zeit, wie die unten citirten Entscheidungen anschaulich machen können, dem buntesten Wechsel der Eintragungsfloskeln.

gelegen hätte, Anlaß in der Judikatur des höchsten Gerichtshofes gegeben war.[10])

Bezüglich der Wirkung eines eingetragenen Arrestes hatte nämlich der Plen.-Beschl. vom 30. Mai 1842[11]) daran festgehalten, daß der Maaßnahme nur negative Wirkung beizumessen und Hypotheken- oder Vorzugsrechte daraus für den Arrestanten nicht herzuleiten seien. Aus den Bestimmungen der A.G.O. wurde aber die weitere Negative hergeleitet, daß bei Unzulänglichkeit der Kaufgeldermasse ein später eingetragener Hypothekar[12]) zum Nach-

---

[10]) Der Begriff „Arrest" wird in § 52 Nov. vorausgesetzt, nicht neu bestimmt. Das O.Trib. hatte die Auffassung der A.G.O. auch betreffs eingetragener Arreste für maaßgebend erklärt, so daß dieser Ansicht entgegenzutreten war, wenn man sie beseitigen wollte. Dagegen war die spätere Kontroverse 1853 noch nicht hervorgetreten, die Nov. hat also in § 52 nicht Partei für die eine oder die andere Meinung nehmen können.

Hiermit verliert die neuerdings auch von Niedieck vertretene Meinung, die Nov. habe dem Arrestanten die Stellung eines Hypothekars gegeben, den legalen Stützpunkt, nach dem man sonst vergeblich gesucht hat. Alles, was aus dem Unterschied von Mobiliar- und Immobiliarvermögen und Gesichtspunkten des Grundbuchrechtes dafür angeführt wird, daß der Gesetzgeber schon damals zu einer derartigen Aenderung hätten gelangen müssen, ist ohne Belang gegenüber der Thatsache, daß derselbe thatsächlich derartigen Erwartungen nicht entsprochen hat.

Art. 20¹ der Instr. v. 3. August 1853 behandelt formell den Arrest der wahren Vormerkung gleich, sofern seine Umschreibung in eine Hypothek schon bei der Eintragung ostensibel in Aussicht genommen werden soll — aber auch diese Behandlung konnte für andere Gläubiger nicht präjudizirlich werden, wenn das Grundbuch zugleich klarstellte, daß von vorneherein nur ein Arrest eingetragen sei.

[11]) Entsch. 8, 57 ff. Der Plen.Beschl. ist in Anlaß von Zwangshypotheken ergangen, welche vor 1834 eingetragen worden waren. Zusammenstellungen der weiteren Präjudizien findet man in Striethorst Arch. 93, 191 ff. (bis 1875) und in den Kommentaren, z. B. bei Turnau I. 294 ff., wozu Striethorst Arch. 98, 1 ff., 99, 79 und 308 nachzutragen — auf einzelne Präjudizien wird an geeigneter Stelle verwiesen werden. Gegen die Polemik des IV. Senats richtet sich die Vertheidigung des Plen.Beschl. in Entsch. 71, 117 ff. (auch Striethorst Arch. 90, 336 f. abgedruckt.)

[12]) Gleichviel, ob die Hypothek vertragsmäßig bestellt oder im Zwangswege eingetragen ist. Rintelen (Prozeßrecht III., 196 f.) will die Grundsätze des Plen.Beschl. nur für die ersten gelten lassen, die letzteren, als nicht vom Eigenthümer, sondern vom Richter kraft staatlichen Hoheitsrechts bestellt, vom älteren Arreste unberührt lassen. Die Belastung ist aber nicht auf das öffentliche Recht, sondern den dazu geeigneten, den Schuldner bindenden Titel und

theil des Arrestanten ebensowenig sein Hypothekenrecht geltend machen dürfe. Weiter wurde dann aus den beiden negativen Vordersätzen positiv gefolgert, daß der Arrestant, falls sein Anspruch durch einen vollstreckbaren Titel inzwischen festgestellt war [13]), die Arrestsumme liquidiren könne, daß sein Perzipiendum aber, da ihm keinerlei Vorzugsrecht zustehe, von allen Gläubigern, einschließlich der ausfallenden Hypothekare, als Objekt der Befriedigung in Anspruch genommen werden könne, dasselbe also ohne Rücksicht auf spätere Eintragungen nach den Grundsätzen des materiellen, also auch des Konkursrechts [14]) unter die andrän-

---

den Antrag des Gläubigers zurückzuführen. Das Antragsverfahren des neueren Rechts illustrirt dies: der Grundbuchrichter hat keine Hoheitsrechte zu üben, er realisirt die ihm vorgelegten Titel aller Art durch Eintragung.

[13]) Die Praxis hat zur Legitimation des Arrestanten das maaßgebende Gewicht auf die Justifikation des Arrestes und die Feststellung der Arrestforderung, nicht auf die Eintragung der letzteren als Zwangshypothek gelegt. Vergl. z. B. Striethorst Arch. 73, 181 und 98, 1 ff. und 154 ff., wonach insoweit die Fälle des Arrestes und der Vormerkung gleich behandelt wurden, während auf dem Standpunkte des III. Senats der Arrestant zunächst kein Realrecht hatte und Hypothek nur durch Eintragung seiner Forderung im Grundbuche, nicht durch den Spruch des Prozeßrichters erwerben konnte. Die Eintragung scheint jetzt das Reichsger. (Entsch. 5, 296 ff.) für unentbehrlich zu erklären, wenn die Arrestforderung Berücksichtigung finden soll. Es ist aber nicht außer Acht zu lassen, daß in der Subhastation einige Funktionen des Grundbuchrichters betreffs der Prüfung der Legitimation der Interessenten auf den Subhastationsrichter übergehen und deshalb die Ergebnisse solcher Kognition in Betracht kommen können.

[14]) Die preuß. Konk.O. hat das Prioritätsverfahren generell — also auch außerhalb des Konkurses — geregelt (§§ 362 ff.). Auch § 60 Subh.O. verweist auf das Konkursrecht, nach § 53 Konk.O. ist die Rangordnung für die „hypothekarisch versicherten Forderungen" maaßgebend, welche durch die Eintragung bestimmt wird. Man wird so wieder auf die Frage zurückgeführt, von der man auszugehen hat, ob die Eintragung des Arrestes das Grundstück belastet oder nicht. Weder die Konk. noch die Subh.O. hat über die schwebende Kontroverse entscheiden, am wenigsten aber das Ergebniß, über das beide Senate des O.Trib. einig geblieben sind, daß nämlich ein dem Arrest entsprechendes Perzipiendum aus den Kaufgeldern unter Umständen zu bilden sei, beseitigen wollen. Die Konkurrenz verschiedener Gläubiger betreffs solcher Masse konnte dann nur nach Konkursrecht geschlichtet werden. Das Reichsgericht (vergl. Anm. 13) beseitigt unter Hinweis auf die erwähnten Bestimmungen solche Konkurrenz, indem es dem Arreste jedes Vorzugsrecht vor einer nacheingetragenen Grundschuld ab-, auf Grund desselben der noch später als Zwangshypothek eingetragenen Arrestforderung aber die volle Priorität vor dieser Grundschuld zuspricht.

genden Gläubiger zu vertheilen sei. Die Sache stellte sich also ähnlich, wie wenn eine zur Hebung gelangende Hypothek des Eigenthümers in Anlaß konkurrirender Beschlagnahmen mehrerer Gläubiger bei der Kaufgelderbelegung auszuscheiden und zum Objekt eines besonderen Vertheilungsverfahrens zu machen war: das dem Arrestschlage entsprechende Perzipiendum wurde als Vermögenstheil des Arrestaten behandelt und eine Konkurrenz eröffnet, für welche das Grundbuch nicht weiter in Frage kam.[15]) So fand man eine ausgleichende Wendung, wie sie der Art der älteren Praxis durchaus entspricht: der vollen Konsequenz, in Folge des Arrestschlags von allen späteren Belastungen vollständig abzusehn, konnte man sich nicht zuwenden, weil das Interesse des Arrestanten ein limitirtes war, welches nur damit unvereinbare Dispositionen ausschloß. Eine derartige Strenge hat daher auch in der Praxis nie ernstliche Vertretung gefunden.[16])

An dieser Auffassung hat der III. Senat des O.Trib. stets festgehalten, wogegen nach Erlaß der Novelle der IV. Senat mehrfach ausgeführt hat[17]), durch die Eintragung werde der der Arrestsumme entsprechende Werthstheil des Grundstückes zu Gunsten des Arrestanten für den Fall der Feststellung seines Anspruchs bestrickt, es handle sich um eine anticipirte Exekution[18]) für die

---

Diese Praxis des O.Trib. können die Fälle Rechtsfälle 4, 84 ff. und Entsch. 71, 121 anschaulich machen.

[15]) Diese Auffassung wurzelt in der Locustheorie und könnte aus dieser am leichtesten gerechtfertigt werden: es ist charakteristisch, daß die entgegengesetzte Meinung des IV. Senats demnächst auf dieselbe Theorie gestützt worden ist. Der Arrest hält das Arrestobjekt im Vermögen des Eigenthümers fest, hierauf beruht die vermittelnde Meinung des III. Senats.

[16]) Vergl. Niedieck a. a. O. S. 568 f. Man kann zugeben, daß der Arrestvermerk für die Dauer seiner Eintragung allen weiteren Eintragungen ihre gewöhnliche Wirksamkeit entziehen könnte, und hierin eine konsequente, die sonst drohenden Verwicklungen abschneidende Lösung des Problems sehen. Die hierin liegende zeitweise Entziehung des Realkredits würde in der causa arresti ihre Rechtfertigung finden: nur die Gesetzgebung kann aber durch deutliche Bestimmungen in solcher Weise die Rechtsstellung des Eigenthümers verändern, welche doch auch bei Aufrechterhaltung des status quo in Frage kommt.

[17]) Zunächst Striethorst Arch. 13, 39 ff. und 380 ff.

[18]) Diese oft gebrauchte Wendung (vergl. Striethorst Arch. 73, 181) verbindet einander widersprechende Begriffe: eine Exekution ohne einen den zu deckenden Anspruch feststellenden Titel ist keine Exekution im technischen

in Aussicht stehende Zwangshypothek durch eine entsprechende Belastung des Grundstückes, in der That also um Vormerkung derselben. Damit wurde der Unterschied der mit einem Titel zum Pfandrecht versehenen Ansprüche und der Personalforderungen für den Fall des Arrestes aufgehoben, dem Arrestanten wurde die Stellung eines Hypothekars zugewiesen, es lag ihm nur ob, bis zur Kaufgelderbelegung seine Forderung vollkommen feststellen zu lassen. Der IV. Senat erklärte also die Kategorien des Grundbuchrechts für die allein entscheidenden, während der III. Senat zunächst die des Prozeßrechts zur Anwendung brachte, welche jene ausschlossen.

Die Konsequenzen der älteren Meinung wurden mit voller Schärfe im Fall des Konkurses anschaulich, welcher den sämmtlichen Gläubigern des Gemeinschuldners einen Vertreter giebt, die Arreste einzelner Gläubiger durch eine Beschlagnahme des ganzen Vermögens ersetzt und eine spätere Feststellung der Arrestforderung mit der Wirkung der Vollstreckbarkeit in das unbewegliche Vermögen innerhalb des Verfahrens ausschließt, während ein nach der Meinung des IV. Senats erworbenes Recht auch durch Konkurs nicht in Frage zu stellen wäre.[19]) In der Subhastation hängt die Stellung des Arrestanten natürlich ebenso vollständig davon ab, ob man ihm ein Realrecht zuerkannte, oder nicht.[20])

Die Grundbuchgesetzgebung konnte von der Streitfrage absehen, wenn sie dieselbe dem Gebiete des Prozeßrechts zurechnete und sich auch mit der Lehre von den Titeln zum Pfandrecht nicht weiter befaßte. Das E.G.[21]) und die G.B.O., welche die Be-

---

Sinne des Wortes, welche ein Recht des Gläubigers zu realisiren, nicht bloße Interessen desselben zu wahren hat.

[19]) Der Gegensatz der Meinungen tritt deshalb am schärfsten hervor in Striethorst Arch. 66, 231 ff. und dem in Anm. 18 citirten Erkenntnisse. Den Fall des Konkurses will auch Behrend (Zeitschr. 7, 120 ff.) eigenthümlich behandelt, Vorzugsrecht des Arrestanten hier ausgeschlossen wissen.

[20]) In der Subhastation zieht die Praxis den Arrestanten regelmäßig zum Verfahren, wie die Realgläubiger: damit erlangt er aber nicht die Rechte eines solchen, wenn sie ihm nicht ohnedies zukommen. Vergl. Entsch. des Reichsger. 3, 315 ff.

[21]) Daß einzelne Autoren aus dem Wortlaut des § 22 hergeleitet haben, daß das Grundbuch allen Gläubigern offen stehe, für die der Prozeßrichter eintritt, ist schon oben S. 9 Anm. 12 erwähnt worden.

stimmung des § 52 Nov. nicht wiederholen, schweigen demgemäß nicht nur vollständig über den Arrest[22]), sondern haben auch zur Lehre von den Dispositionsbeschränkungen kaum Stellung genommen und die Lehre von den Zwangshypotheken nur gestreift — eine Aenderung der älteren Gesetzgebung ist daraus also nicht herzuleiten.[23])

Eine Vermittlung zwischen den beiden innerhalb des vormaligen höchsten Gerichtshofs vertretenen Meinungen ist unmöglich. Eine Eintragung mit negativer Tragweite, aus welcher das Gesetz Vorzugsrechte nicht hergeleitet wissen will, und die Eintragung der Arrestforderung in der Reihe der Hypotheken mit allen Garantien, welche mit dem Rechtserwerb durch Eintragung verbunden sind, sind Gegensätze, die einander vollkommen ausschließen. Aus den Prinzipien des Grundbuchrechts kann man folgern, daß, wenn kollidirende Anträge auf Eintragung eines Arrestes und einer Hypothek vorliegen, die Darstellung im Grundbuche klar zu stellen hat, welcher der Anträge früher bei dem Grundbuche präsentirt ist, also prioritätisch einzutragen war, und weiter, daß die Wirkung der Eintragung auf den Moment der Vorlegung zurückzubeziehen sei [24]), im Uebrigen ergiebt sich aus jenen Prinzipien vor Allem, daß die Eintragung durchaus dem Antrage und dessen Unterlagen entsprechen muß und daß dem Inhalte der letzteren ein anderer im Grundbuche nicht untergeschoben werden darf. Wer nicht den Arrest, sondern die Arrestforderung einträgt, verstößt hiergegen, verletzt das bestehende Recht, welches zur Eintragung einer Forderung einen Titel zum Pfandrecht voraussetzt, der doch für die Arrestforderung nicht existirt, bewilligt dem Arrestanten, dem das Gesetz jedes Vorzugsrecht abspricht, buchmäßig prioritätische Rechte. Von diesen zu Tage liegenden Bedenken konnte nur eine Praxis der Grundbuchbehörden und der

---

[22]) Der Entwurf von 1864 brachte — im Anschluß an die oben S. 27 Anm. 21 erwähnten Bestimmungen — in § 128 G.B.O., die weitere, daß über die Frage, ob an Stelle des Arrestes die Arrestforderung treten könne, nur der Prozeßrichter entscheiden könne — nach welchen Normen? blieb dahin gestellt.

[23]) Vom O.Trib. mehrfach anerkannt, z. B. Entsch. 76, 103, Striethorst Arch. 93, 191.

[24]) Auch der III. Senat des O.Trib. hat dies angenommen Striethorst Arch. 34, 105.

Prozeßgerichte absehen, welche die Verwicklungen, zu welchen die Meinung des III. Senates führen kann, um jeden Preis von dem Grundbuch- und Realkreditwesen fern halten wollte und als alleinigen Zweck der Buchführung nur eine übersichtliche Darstellung aller Kreditverhältnisse bei Feststellung einer erschöpfenden Prioritätsordnung gelten ließ. Dem Verkehre wäre vielleicht hiermit gedient gewesen, wenn eine solche Auffassung gegen eine Autorität gleichen Ranges nach Lage der Gesetzgebung durchzusetzen gewesen wäre. Die Kontroverse bestand aber fort, und daraus ergab sich volle Rechtsunsicherheit, die Unmöglichkeit, ein Urtheil darüber zu gewinnen, wie Kollisionen der erwähnten Art im einzelnen Falle ihre Lösung finden möchten.

Mißstände dieser Art zu beseitigen, ist der Judikatur nicht erreichbar. Sie ist stets mit dem einzelnen Falle befaßt, für den zunächst dessen Umstände in Betracht kommen; bei Kollisionen der fraglichen Art können die Fassung der kollidirenden Vermerke als Akt juristischer Formgebung, der Inhalt der im einzelnen Fall kollidirenden Rechte, vor Allem aber die Auffassungen der Parteien, welche im Prozesse zur Geltung gebracht werden, neben der abstrakten Rechtsfrage für die Entscheidung größte Bedeutung erlangen. Die Uebereinstimmung der großen Mehrzahl der Autoren [25]) mit den Grundsätzen des III. Senats hat denselben volle Durchführung nicht zu sichern vermocht, auch die in gleichem Sinn ergangenen Präjudizien des Reichsgerichts [26]) werden der

---

[25]) Vergl. Förster Grundbuchrecht § 5 und Rintelen in Johow 4, 294 ff., im Uebrigen wird auch hier auf Turnau (s. o. Anm. 1 und 11) verwiesen. Der Meinung des IV. Senats folgen Behrend (Zeitschr. 7, 120 ff.) und Dernburg I. § 322 mit einigen Vorbehalten.

[26]) Vergl. Entsch. des Reichsger. 3, 315 ff.; 4, 265 ff.; 5, 296 ff. Nach Lage der einzelnen Fälle ist entschieden, daß die Eintragung eines Arrestes als solche dem Arrestanten in der Subhastation die Rechtsstellung eines Realinteressenten, Extrahenten oder Adhärenten, nicht zu geben vermag — daß Arrest und Vormerkung einer Hypothek so verschiedener Natur sind, daß aus der ungerechtfertigten Eintragung der letzteren der Gläubiger Anlegung eines Arrestes nicht herleiten kann, selbst wenn es sich in der That nur um einen derartigen Rechtsbehelf handeln konnte. Im dritten Falle kollidirten eine Grundschuld und eine spätere Judikatshypothek, für welche der Gläubiger auf Grund eines vor der Grundschuld eingetragenen Arrestes Prioritätsrechte vor der Grundschuld in Anspruch nahm. Diese werden ihm zuerkannt, die Meinung des III. Senats wird zum Ausgangspunkt genommen, in ihren Konsequenzen bezüglich eines

Kontroverse die bisherige Bedeutung schwerlich vollkommen entziehen, weil sie in Mängeln der Gesetzgebung wurzelt.

Bezüglich des Verfahrens zog die A.G.O. (§§ 35, 53 ff. I. 29) die Konsequenzen der oben dargelegten Auffassung. Der Arrestrichter, welcher den Antrag des Arrestanten für begründet erachtete, hatte dies immerhin in einem entsprechenden Beschlusse auszusprechen, zugleich aber die erbetene Hülfe durch Anlegung des Arrestes sofort zu gewähren. Gegenstand der weiteren Parteiverhandlung wurde nur die Aufrechterhaltung oder Aufhebung der getroffenen Arrestmaaßnahmen: die letztere konnte (§§ 60, 66) nur auf Grund einer endgültigen Entscheidung erfolgen, war aber dann von Amtswegen zu veranlassen. Soweit Eintragungen im Grundbuch in Frage kamen, hatte der Arrestrichter um solche zu ersuchen: da er nur einen Arrest anlegen konnte, konnte es sich nur um Eintragung einer Verfügungsbeschränkung in Rubrik II und deren Löschung handen. Die Eintragung konnte nur dem anhängigen Arrestverfahren Publizität geben: erledigte sich letzteres durch eine endgültige Entscheidung, sei es, daß durch solche der Arrest für ungerechtfertigt, oder die Arrestforderung für unbegründet erklärt wurde, so hatte der Arrestvermerk schon dadurch seine Bedeutung verloren, was durch die Löschung nur weiteren buchmäßigen Ausdruck erhielt. Von Umschreibung des Arrestes konnte, wenn man an diesen Grundlagen festhielt, keine Rede sein, sondern nur von Eintragung der Arrestforderung, sobald der noch fehlende Titel zum Pfandrecht dafür gewonnen war, auf Grund des letzteren. Ob alsdann der Gläubiger auf Grund des Arrestvermerks besondere Rechte andern Hypothekengläubigern gegenüber herleiten könne, blieb bei solchem Verfahren im Grundbuche dahin gestellt, es stand aber auch außer Zweifel, daß der Grundbuchrichter hierüber nicht zu befinden, durch vorgreifende oder unklare Vermerke der Entscheidung durch den Prozeßrichter nicht zu präjudiciren habe. Während kaum ein Zweifel darüber

---

Arrestperzipiendums unter Gesichtspunkten des Subhastationsrechts mißbilligt und im Ergebniß so entschieden, wie der IV. Senat entschieden haben würde. Ein Anlaß zu der Kritik der vom III. Senat gezogenen Konsequenzen lag kaum vor: bei einer Konkurrenz nach Konkursrecht konnten sich Grundschuldgläubiger, die eine Personalforderung überhaupt nicht haben, schwerlich irgendwie betheiligen. Wenig stimmt hiermit eine — nicht in amtlicher Redaktion vorliegende — Entscheidung Gruchot 74, 97 f.

besteht[27]), daß nur in dieser Weise zu verfahren ist, läßt sich doch die Praxis zu Eintragungen der Arreste in der III. Abth. und Umschreibung[28]) solcher Vermerke, d. h. zu Eintragungen drängen, durch welche die Arrestanten unter Ausbeutung der erörterten Kontroverse die günstigere Stellung sich zu sichern suchen, welche ihnen das Gesetz versagt.

2. Die Civ.P.O. schließt sich in wichtigen Bestimmungen an das ältere Recht an. Sie läßt den dinglichen Arrest zur Sicherung der Zwangsvollstreckung in das bewegliche und das unbewegliche Vermögen zu (§. 796), wenn zu besorgen ist, daß ohne dessen Verhängung die Vollstreckbarkeit des Urtheils vereitelt oder wesentlich erschwert werden würde (§ 797). Das Reichsgericht hat mit Recht angenommen[29]), daß durch diese dem Ermessen des Gerichts weiten Spielraum lassende Bestimmung dem Begriffe Arrestgrund nicht die alte Begrenzung entzogen ist, wonach der Arrest nur aus einem den Gläubiger wahrscheinlich gefährdenden Verhalten des Schuldners, nicht schon aus einer üblen Vermögenslage desselben u. dgl. zu rechtfertigen ist. Das Schutzmittel ist, nach wie vor, allen Personalgläubigern gegeben, gleichviel ob ihnen schon ein Geldanspruch zusteht, oder das Interesse aus der Obligation erst noch auf einen solchen zurückzuführen bleibt, also sowohl für Geldbeträge, wie für Geldwerthe: Fälligkeit der Forderung ist

---

[27]) Man vergl. Förster III. 463, Turnau I. 301, Bahlmann 106, Achilles 189, Johow 2, 252. Ergiebt der Vermerk, daß ein Arrest eingetragen sei, so wird ihm dadurch, daß er seine Stelle in Abth. III gefunden, um so weniger alle Wirkung abgesprochen werden können, als man bei Auslegung der Vermerke nicht völlig von den in der Praxis zeitweise herrschenden, zeitweise sogar gesetzlich gebilligten Auffassungen absehen darf. Vergl. Dernburg u. Hinrichs 136 ff., insbes. 139, und die nicht ganz übereinstimmenden Entscheidungen des O.Trib. 71, 116 u. 73, 181. Die Begriffe Arrest und Vormerkung schließen sich aus, keiner kann daher durch Auslegung dem anderen substituirt werden. Vergl. Striethorst Arch. 99, 308 und Anm. 26.

[28]) Auch wenn eine Umschreibung erfolgt im Anschluß an den Arrestvermerk, stellt das Grundbuch klar, daß damit in der That eine Hypothek neu eingetragen ist. Nach Beseitigung des Requisitionssystems tritt dies noch deutlicher hervor: das die Forderung feststellende Erkenntniß kann nur die Eintragung einer Zwangshypothek rechtfertigen.

[29]) Entsch. 3, 416 ff. Die Verwerthung von Vermögensobjekten, um Deckung für vollstreckbare Forderungen zu schaffen, ist an sich etwas durchaus Legitimes und kann einen Arrestgrund nur abgeben, wenn unlautere Absichten des Schuldners wahrscheinlich gemacht werden.

nicht Voraussetzung des Arrestschlags, so daß dieser selbst nicht für noch bedingte [30]) Forderungen ausgeschlossen ist (§§ 796, 800).

Weiter als das ältere Recht geht die Civ.P.O., wenn sie in höherem Maaße, als jenes, von Mängeln des Arrestgesuchs mit Rücksicht auf eine von dem Arrestanten zu bestellende Sicherheit abzusehen gestattet (§ 801). [31]) Zu Gunsten des Schuldners bestimmt in gleicher Richtung § 803, daß jeder Arrestbefehl einen Geldbetrag feststellen muß, durch dessen Hinterlegung die Vollziehung des Arrestes gehemmt und der Schuldner zu dem Antrag auf Aufhebung des vollzogenen Arrestes berechtigt wird. Hieraus ergiebt sich, daß der Arrestant am Arrestobjekte überhaupt nur resolutiv bedingte Rechte erwirkt: durch Hinterlegung des im Arrestbefehl bestimmten Geldbetrages macht der Schuldner den letzteren zum Surrogat des Arrestobjekts, dieses aber von der Bestrickung frei. Solche Substitution kann auch noch nach Bestätigung des Arrestes vom Gerichte bewilligt werden (§ 807).

Diese reichsrechtlichen Bestimmungen sind für alle von den Gerichten erlassenen Arrestbefehle schlechthin maaßgebend, dasselbe gilt vom Verfahren. Das Arrestgesuch soll die Bezeichnung des Anspruchs unter Angabe des Geldbetrags oder Geldwerths, sowie die Bezeichnung des Arrestgrundes enthalten, der letztere wie der Anspruch sind der Regel nach glaubhaft zu machen (§ 800), der Arrestbefehl kann ohne Anhörung des Gegners durch Beschluß erlassen werden (§ 802). Solcher Beschluß gilt nicht als eine Entscheidung in einem Parteiverfahren, sofern er dem nicht ge-

[30]) Merkel Arrest S. 33 ff. will solche Forderungen nur berücksichtigt wissen, wenn damit der Anspruch auf Realkaution verbunden sei: unter dieser Voraussetzung könnte aber von den unter I. erörterten Schutzmitteln Gebrauch gemacht werden. Gläubiger, die noch nicht klagen können, sind am meisten auf rechtspolizeiliche Hülfe angewiesen.

[31]) Darauf, daß der Gläubiger sich durch Sicherheitsbestellung nie selbst einen Titel zum Pfandrecht verschaffen kann, wenn ein solcher nicht auf anderer Grundlage besteht, ist schon oben S. 10 Anm. 13 hingewiesen worden. Dagegen ist der solvente Personalgläubiger durch § 650 Civ.P.O. insofern erheblich begünstigt, als das Erkenntniß für vorläufig vollstreckbar erklärt werden muß, wenn er sich erbietet, vor der Vollstreckung Sicherheit zu leisten. Sobald er den Nachweis der Sicherheitsbestellung nach § 672 Civ.P.O. führt, kann er seinen Anspruch vormerken lassen, wodurch für die Zwangshypothek ein ganz fremdes Element zur Geltung gebracht ist. Mit diesen Bestimmungen hängen diejenigen über die Kaution des Arrestanten zusammen: § 801 schließt nicht aus, daß dieser selbst zur Bestellung einer Kautionshypothek zugelassen wird.

hörten Gegner nicht von Amtswegen zugestellt (§ 294), die Zustellung vielmehr dem Arrestanten überlassen wird (§ 802); Zustellung und Vollstreckung des Arrestbefehls können also, wie seither, gleichzeitig erfolgen (§ 671). Der gesammte weitere Verlauf bleibt dem Selbstbetriebe der Parteien überlassen: der Arrestant kann, sobald er ein vollstreckbares Erkenntniß erlangt, Zwangsvollstreckung in das Arrestobjekt oder dessen Surrogat veranlassen, der Arrestat kann die Aufhebung des Arrestes — auch wegen Erledigung des Arrestgrunds oder wegen veränderter Umstände (§ 807) — betreiben und, wenn er obsiegt, herbeiführen. Nach § 648⁵ Civ.P.O. sind Urtheile, durch welche Arreste und einstweilige Verfügungen aufgehoben werden, für vorläufig vollstreckbar zu erklären. Die Aufhebung des Arrestes in Anlaß der Hinterlegung des festgesetzten Geldbetrages erfolgt durch Beschluß des Vollstreckungsgerichts (§ 813.)

Zu einem ganz veränderten System ist die Civ.P.O. insoweit übergegangen, als sie die Vollziehung des Arrestbefehls bezüglich des beweglichen Vermögens durch Pfändung mit der Wirkung des § 709 erfolgen, den Arrestanten also in die Stellung eines Faustpfandgläubigers eintreten läßt (§§ 808 ff.). Der Arrestrichter ist damit ermächtigt, dem Arrestanten einen Titel zum Pfandrecht zu ertheilen, welcher in keiner Weise unmittelbar auf den Willen des Schuldners zurückzuführen ist. Die Zwangsvollstreckung auf Grund des Arrestbefehls giebt dem Arrestanten nicht die Rechte, die er auf Grund eines vorläufig vollstreckbaren Urtheils in Anspruch nehmen kann [32]), sie vermag nicht zur Zahlung, Deckung einer noch gar nicht festgestellten Forderung zu führen, sondern nur zur Hinterlegung beigetriebener Beträge. Insoweit handelt es sich noch immer nur um Aufrechterhaltung des status quo, Festhaltung des Arrestobjekts im Vermögen des Arrestaten — nur daß mit dem Akt der Beschlagnahme grundsätzlich Erwerb

---

[32]) Vergl. hierüber oben S. 41. Der Schuldner kann seinerseits durch besondere Anträge Sicherheitsbestellung des Gläubigers fordern, oder die Vollstreckung durch eigene Sicherheitsbestellung abwenden (§§ 652, 658). Der grundsätzliche Unterschied vom Arreste wird dadurch nicht aufgehoben, daß in einzelnen Fällen die Schlußergebnisse fast die gleichen sein können. Der Arrestbefehl kann zu einer vollständig durchgeführten Zwangsvollstreckung niemals führen, auch für den Arrest der Civ.P.O. ergiebt sich also, daß er nicht eine anticipirte Exekution, sondern richterlich autorisirte Ergreifung des Pfandbesitzes ist.

eines Pfand- und Vorzugsrechts für den Arrestanten verbunden wird, welches die ältere Gesetzgebung ihm grundsätzlich versagte. Die Neuerung ist durchaus materiellen Rechts, als dem Pfandrecht angehörig zu betrachten, der Gesichtspunkt der A.G.O., welcher nur zu Verfügungsbeschränkungen, Veräußerungsverboten gelangen ließ, damit antiquirt. Der Erwerb eines Pfandrechts nimmt dem Gläubiger gegenüber weiteren Verfügungen des Schuldners jede nachtheilige Wirkung, macht also Verbote der erwähnten Art überflüssig.[33])

Liegt hiernach die Bedeutung der Arrestbefehle in dem darin gegebenen Titel zum Pfandrecht, so ist auch klar, daß der Gegensatz von Entscheidung und Vollziehung für dieselben nicht in gleicher Schärfe besteht, wie für Urtheile. Die letzteren ergeben ein bestimmtes Rechtsverhältniß der Parteien, der Arrestbefehl enthält nur eine Ermächtigung für den Arrestanten, ein neues Rechtsverhältniß zu begründen, er ist ohne hinzutretende Vollziehung inhalts- und bedeutungslos. Hiernach stände außer Zweifel, daß, wenn der Civ.P.O. ein Vollstreckungsmodus durch Eintragung in das Grundbuch bekannt wäre, nach dem System derselben auf Grund eines Arrestbefehls Vormerkung der Arrestforderung als Zwangshypothek müßte begehrt werden können.

Nach § 811 Civ.P.O. bestimmt sich aber die Vollziehung des Arrestes in unbewegliches Vermögen nach den Landesgesetzen. Man hielt auch hier daran fest, daß in das Immobiliarsachenrecht nicht eingegriffen werden sollte.[34]) Für Preußen bestimmt § 24 des Ges. vom 4. März 1879, daß sich die Vollziehung solcher Arreste nach den in den einzelnen Landestheilen bestehenden Vorschriften bestimmt, d. h. daß das einheitliche System der Civ.P.O. nicht in Kraft tritt, daß es vielmehr für jeden Landestheil bei dem seitherigen Rechte verbleibt.

Nur eine Ausnahmebestimmung hat die Reichsgesetzgebung getroffen, in welcher der Arrestgrund als Grundlage der Eintragung einer Hypothek anerkannt wird. Nach § 179 R.Konk.O. ist der bestätigte Zwangsvergleich vollstreckbar, nach § 180 soll aber die Feststellung einer Konkursforderung auch bezüglich der noch nicht fälligen, also noch nicht beitreibbaren Leistungen aus

[33]) Vergl. Mandry S. 169.

[34]) Vergl. Materialen der Civ.P.O. von Hahn I. 856.

dem Zwangsvergleiche den Anspruch auf eine Hypothek „im Fall des Arrestgrundes" gewähren, wenn nach den Landesgesetzen ein Urtheil den Anspruch auf eine Hypothek an dem unbeweglichen Vermögen des Schuldners begründet.[35]) Für Fälle dieser Art kann also aus dem Arrestgrunde der Anspruch auf Eintragung einer Vormerkung, wie in den unter I. erörterten Fällen hergeleitet werden. Die Ausnahme bestätigt, daß man für Fälle anderer Art dem Arrestgrunde eine derartige Wirkung nicht beigemessen hat.

Sind hiernach im Gebiete der A.G.O. deren Bestimmungen maaßgebend geblieben, so ergiebt sich, daß Arrestbefehle, je nachdem sie in bewegliches oder unbewegliches Vermögen zu vollziehen sind, obwohl sie auf Grund gleicher Rechtsnormen und in gleichem Verfahren erlassen werden, vollständig verschiedene Wirkungen üben, mithin qualitativ verschiedene Maaßnahmen, die kaum Etwas mit einander gemein haben, geworden sind. Im Gebiete der A.G.O. auf Immobilien ausgebrachte Arreste sind nicht Arreste nach dem System der Civ.P.O.[36]), können vielmehr nur durch einstweilige Verfügung nach §§ 814, 817, Untersagung dem Arrestanten nachtheiliger Verfügungen vollzogen werden.

Hieraus folgt denn weiter, daß für die Vollziehung solcher Arreste durch Eintragung, wie für die Löschung der Arrestvermerke die oben unter I. S. 10—13 erwähnten Gesetze und dargelegten Gesichtspunkte maaßgebend sein müssen, während die Form und Wirkung der Eintragung nach dem im Eingang dieses Abschnittes Gesagten zu beurtheilen ist.[37]) Es ist hier nur noch Folgendes zu bemerken.

---

[35]) Die schon fälligen Beträge können als Zwangshypothek eingetragen werden, vergl. oben S. 30, 31. Nach dem Wortlaut des § 180 könnte man weitere Eintragungen im Gebiete des A.L.R. ausgeschlossen halten, weil das Judikat als solches, soweit es nicht vollstreckbar geworden, hier eine Eintragung nicht rechtfertigt. Doch dürfte dies der Absicht nicht entsprechen, vergl. v. Wilmoswki Konk.O. zu § 180.

[36]) Indirekt kann der Arrestant jetzt Eintragung sich sichern durch Pfändung eines Anspruchs seines Schuldners auf Auflassung (vergl. oben S. 46), denn dieser Anspruch gehört zum beweglichen Vermögen.

[37]) Auf denselben Standpunkt stellen sich Turnau G.B.Ges. S. 58—9, 72, 82 ff., Achilles S. 189, Bahlmann 105 — wer die Vormerkung einer Personalforderung schon nach älterem Rechte für zulässig hält, gelangt auch hier zu dem unter II. erörterten Verfahren.

Handelt es sich auch nicht um Eintragung des Anspruchs des Gläubigers als solchen, so muß doch der Arrestbefehl denselben wenigstens dem Schuldgrunde nach näher bezeichnen, damit bei späterer Eintragung einer Zwangshypothek für den Gläubiger die durch die Identität des Anspruchs gegebene Beziehung beider Vermerke aus dem Grundbuch erhellt. Zur Begrenzung der Tragweite des Arrestvermerks wird man um so mehr in denselben den im Arrestbefehl nach § 803 Civ.P.O. festgestellten Geldbetrag aufzunehmen haben, als derselbe nach Reichsrecht durch Hinterlegung dem Arrestobjekte substituirt werden kann. Man darf aber hierbei nicht übersehen, daß sich die Bestimmungen der Civ.P.O. mit denen des E.G. über die Erfordernisse der Eintragungsbewilligung keineswegs decken. Nach § 24 E.G. ist nicht ein Maximalbetrag für das Gesammtinteresse des Gläubigers, sondern der Maximalbetrag der noch unbestimmten Kapitalforderung desselben anzugeben und einzutragen, welchen Nebenforderungen an Zinsen und Kosten zur Seite treten können. Der Arrestbefehl macht derartige Unterschiede nicht, er limitirt das Gesammtinteresse des Arrestanten einschließlich der Nebenforderungen über den im Arrestgesuche anzugebenden Kapitalbetrag seines Anspruchs hinaus. Pauschsätze dieser Art kommen nur für Kautionen im engeren Sinne, nicht für Kautionshypotheken des § 24 E.G. in Betracht, worauf an anderer Stelle zurückzukommen. Hat die Eintragung des Arrestes nicht die positive Bedeutung einer Belastung, so kommt auf diesen Unterschied Nichts an, da ein Limitum aus dem Vermerke erhellt, worauf es zunächst allein ankommen kann. Wer ganz von dem berührten Unterschied absieht und sich lediglich an den Geldbetrag in gesetzlicher Währung hält, den der Arrestbefehl aufführen muß, kann dann weiter im Arrestverfahren dem Arrestanten günstigere Aussichten eröffnen, als ihm unter Umständen bei Verfolgung seines Rechts im ordentlichen Verfahren selbst durch vollstreckbare Titel eröffnet werden würden.[38]) Kann er keine Eintragung für Forderungen in fremden Währungen, für noch unbestimmte Ansprüche erlangen, so verhilft ihm doch der Arrestbefehl, der eine Geldsumme ergiebt, zur Eintragung des Arrestes,

---

[38]) Vergl. oben S. 26—27. Zur Sonderung von Haupt- und Nebenforderungen ist im Arrestverfahren kein Anlaß gegeben: erst für den Rechtserwerb durch Eintragung erlangt dieser Unterschied Bedeutung.

welchen der Verkehr als Kautionshypothek aufzufassen geneigt sein wird, weil der Vermerk der Spezialitätsmaxime zu genügen scheint. Diejenigen, welche den Arrestanspruch vormerken lassen wollen, würden jedenfalls richtiger mit Vormerkung einer Kautionshypothek für den Arrestanten verfahren.

Der Arrestbefehl bedarf keiner Vollstreckungsklausel, seine Vollstreckbarkeit erlischt nach Ablauf kurzer Frist (§ 809): Eintragungen daraus werden statthaft bleiben auch nach Ablauf der Frist, wenn die Vorlegung bei den Grundakten noch innerhalb derselben erfolgt ist.[39])

Die Bestimmungen der Civ.P.O. über die Zustellung sind, wie erwähnt, dem Fall der Vollziehung in das bewegliche Vermögen angepaßt: nur das nach den früheren Darlegungen fortbestehende Requisitionssystem sichert dem Arrestanten für den Arrest durch Eintragung gleiche Vortheile, welche eine frühere Zustellung an den Arrestaten in Frage stellen würde. Sofern nur ein Verbot, eine Maaßnahme negativer Tendenz in Frage steht, kann man ohnehin kaum von Vollstreckung im eigentlichen Sinne, sondern nur von einem Akt der Verkündung an den Arrestaten reden. Schlägt der Arrestant freiwillig oder nothgedrungen den Weg des Selbstbetriebs der Eintragung ein, so wird er dem Anspruch des Nachweises der Zustellung des Arrestbefehls begegnen.[40])

Zuständig zum Erlaß des Arrestbefehls sind nur die § 799 bezeichneten Gerichte: § 822 erscheint nicht anwendbar, weil ein dem § 803 entsprechender Arrestbefehl, welcher das Geldsurrogat feststellt, zu erlassen ist.

Für die Löschung des Arrestvermerks ist im Gegensatz zu dem Fall der Vormerkung[41]) auch ein auf Aufhebung des Arrestes lautendes Urtheil ausreichend zu erachten, welches für vorläufig vollstreckbar erklärt ist, weil es sich nicht um Rechtserwerb durch

---

[39]) Vergl. Anm. 24.

[40]) Vergl. S. 11 Anm. Die §§ 671, 808, 815 Civ.P.O., welche nach § 2 des Ges. v. 4. März 1879 für die Zwangsvollstreckung in das unbewegliche Vermögen maaßgebend sind, können dafür angezogen werden, daß die Zustellung nachgewiesen werden müsse, und machen den Erfolg jeder Beschwerde in dieser Richtung höchst zweifelhaft. Man vergl. jedoch Entsch. d. Kammerger. II. 309 ff.

[41]) Vergl. S. 43.

Eintragung handelt und die aufgehobene einstweilige Verfügung durch fortdauernde Eintragung nicht in Kraft erhalten werden kann. Daraus, daß der Arrestant überhaupt Rechte am Grundstück nicht erwirbt, ergiebt sich weiter, daß, auch wenn die Aufhebung des Arrestes durch Hinterlegung erfolgt ist, die Löschung des Arrestes ohne Einwilligung des Arrestanten verfügt werden kann, da ihn das Gesetz lediglich an das Surrogat verweist.

Ist hiernach durch die Civ.P.O. in der bisherigen Rechtslage keine grundsätzliche Aenderung herbeigeführt worden, so ist doch das System derselben von mehreren Seiten, wie erwähnt, für die Meinung IV. Senats angerufen: es ist in keiner Weise ausgeschlossen, daß die Grundbuchbehörden dieser Meinung bei Arresteintragungen folgen oder, was noch bedenklicher, bei einer schwankenden, unklaren Praxis verharren.

Beseitigung solcher Uebelstände wird nur durch Feststellung der Grundsätze für die Lösung der möglichen Rechtskollisionen im Wege der Gesetzgebung zu erreichen sein. Gestattet man im Anschluß an das System der Civ.P.O. die Vormerkung der Personalforderung „im Fall des Arrestgrundes", so wird damit dem Grundbuche der Vortheil klarer Feststellung der Prioritätsordnung der eingetragenen Gläubiger gesichert, damit aber die für die Gliederung des Rechtssystems wichtige Lehre von den Titeln zum Pfandrecht durch Einmischung eines ganz fremdartigen Elements zersetzt, der Unterschied von Real- und Personalkredit, auf dem das seitherige Grundbuchrecht beruht, verwischt, das Grundbuch zum Tummelplatz der Personalgläubiger gemacht, der Grundcharakter der Institution vollkommen in Frage gestellt. Jener nicht zu unterschätzende Vortheil ist ein rein formaler: der wahre Werth solcher Neuerung für den Verkehr hängt immer noch von der weiteren — hier nicht zu erörternden — Frage ab, ob das Recht des Arrestanten in der Subhastation vom Eigenthümer, dessen Konkursgläubigern, den Postlocirten deshalb angefochten werden kann, weil in Wahrheit causa arresti nicht gegeben gewesen, der daraus hergeleitete Titel zum Pfandrecht deshalb nicht anzuerkennen sei. Die durch derartige Streitfragen herbeigeführten Prozesse würden kaum als ein geringeres Uebel empfunden werden, als die seither durch die Kontroverse veranlaßten.

3. Das Arrestverfahren weist die Civ.P.O. den Gerichten zu. § 55 der V.O. vom 7. September 1879 bestimmt: „Soweit ein

Arrest zur Sicherung der Zwangsvollstreckung wegen einer im Verwaltungszwangsverfahren beizutreibenden Geldforderung zulässig ist, erfolgt die Vollziehung desselben unter entsprechender Anwendung der Vorschriften dieser Verordnung", d. h. durch die Verwaltungsbehörden, an die Grundbuchbehörden zu richtendes Ersuchen derselben. Es ist also ein Spezialgesetz vorausgesetzt, welches diese Behörden zu Arrestschlägen ermächtigt [42]), worauf hier nicht näher einzugehen ist.

Es ist nur noch einiger verwandter Fälle zu gedenken, wo zur Wahrung wichtiger und umfassender Interessen der regelmäßige Verkehr bei dem Grundbuche eingeschränkt oder suspendirt wird, Maaßnahmen, mit denen in einzelnen Fällen auch andere konkurriren, welche im Gegensatze hierzu Rechtserwerb am Grundstück vermitteln sollen. Es handelt sich dann für die Grundbuchbehörden darum, durch ihre Vermerke klarzustellen, ob nur Sperrung des Grundbuchblattes zur Aufrechterhaltung des status quo, Aufhebung oder Beschränkung der daraus sich ergebenden Verkehrslegitimation des Eigenthümers, oder Rechtserwerb für Dritte, Belastung des Grundstücks herbeigeführt werden soll. Der Tendenz der A.G.O., im Arrestfalle den status quo im Interesse der sämmtlichen Gläubiger des Arrestanten aufrecht zu erhalten, würden Sperrvermerke, welche zunächst alle weiteren Dispositionen ausschlossen, den Grundbuchverkehr suspendirten, am meisten entsprochen haben: man ist aber nicht zu einer dieser Auffassung entsprechenden Regel, sondern nur zu einzelnen Bestimmungen in dieser Richtung gelangt. Dies vorausgeschickt, sei hier noch Folgendes erwähnt:

Defekte an öffentlichem oder Privatvermögen, welches in die Gewahrsam eines Beamten kraft seiner amtlichen Stellung oder besonderer Anordnung gekommen ist, werden zunächst durch die Aufsichtsbehörden ermittelt. Durch Beschluß kann der Geldbetrag des Defekts, und gegen Beamte, welche jenes Vermögen zu verwahren hatten, auf Grund der Feststellung von Vorsatz oder grobem Versehen die Ersatzpflicht derselben festgesetzt, es kann dem Beamten aber auch nur Sicherstellung des von ihm zu vertretenden Defekts auferlegt werden. Derartige Beschlüsse sind vollstreckbar, wenn sie von einer Provinzialbehörde erlassen oder von solcher

---

[42]) Vergl. Entsch. d. Kammerger. II. 130 ff.

genehmigt sind, übrigens innerhalb Jahresfrist im Rechtswege Seitens des Beamten anfechtbar.[43])

Wird Eintragung auf Grund solcher vollstreckbarer Titel betrieben, so handelt es sich, je nachdem Zahlung oder Sicherstellung darin auferlegt ist, um Eintragung einer Hypothek oder Kautionshypothek, welche bei der provisorischen Natur des Titels nur vorzumerken sein wird. — In demselben Verfahren kommen aber auch Arrestschläge vor: schon vor Erlaß des Defektenbeschlusses können vorläufige Sicherheitsmaaßregeln durch Beschlagnahme des Vermögens, also auch der Immobilien veranlaßt werden gegen die Beamten, gegen welche Defektenbeschlüsse der erwähnten Art ergehen können, ebenso zur Sicherung der — nur im Rechtswege festzustellenden — Ansprüche gegen andere nur mit der Kontrole befaßten, deshalb nur subsidiarisch haftenden Beamten, ohne deren grobes Verschulden der Defekt vermieden worden wäre.[44])

Für diese Fälle kann nur die Eintragung von Sperrvermerken, höchstens die Vormerkung von Kautionshypotheken in Frage kommen. Bis zur Durchführung des Defektenverfahrens erfolgen Eintragungen und Löschungen nur nach Maaßgabe

---

[43]) V.O. v. 24. Januar 1844, welche nach § 82 des A.G. zum Ger. Verf.Ges. unberührt geblieben ist, und Reichsbeamten-Ges. v. 31. März 1873, welches mit einigen Modifikationen dieselben Grundsätze adoptirt hat. Die danach statthaften Maaßnahmen können auch gegen die Erben der Beamten gerichtet werden (Reichsger., Gruchot 5, 124 ff). Vergl. auch die Allg. Verf. v. 27. Dezember 1882, Just.Min.Bl. S. 389.

[44]) §§ 11, 13, 17 der cit. V.O. Im ersten Falle wird der Arrest also von den Verwaltungsbehörden angelegt und nach Maaßgabe der Ergebnisse ihres weiteren Verfahrens durch sie aufrecht erhalten oder aufgehoben. In Fällen der zweiten Art wird das gerichtliche Arrestverfahren anhängig zu machen sein.

Solche generelle Beschlagnahme entspricht der Natur des Defektenverfahrens mehr, als wenn vor völligem Abschluß desselben Rechtserwerb für einzelne Betheiligte herbeigeführt wird, sobald sich deren Ersatzanspruch feststellen läßt. Hypothekarische Eintragungen für die Gesammtheit der Defektinteressenten sind in dem Grundbuch, aus dem nach § 23 E.G. der Gläubiger erhellen muß, nur erreichbar, wenn als Vertreter dieser Gesammtheit innerhalb des Grundbuchverkehrs der Fiskus, oder die Aufsichtsbehörde gesetzlich anerkannt würde. Bei Mangel ausreichender Bestimmungen wird im einzelnen Falle leicht zweifelhaft, ob Eintragungen im Wege des Arrestes, oder im Wege der Exekution vorliegen, man sehe z. B. die Fälle Entsch. d. O.Trib. 71, 108 und Rechtsfälle 4, 84.

des Ersuchens der Aufsichtsbehörde[45]): erst nach Eintragung definitiver Hypotheken für einzelne Defektinteressenten treten diese in die Stellung von Hypothekengläubigern ein.

Die im Strafverfahren vorkommenden Beschlagnahmen bezwecken Deckung in Aussicht stehender Geldstrafen und der Kosten des Verfahrens durch Arrestschläge auf bestimmte Vermögensobjekte des Angeschuldigten, welche durch Pfändung oder Eintragung mit den erörterten Wirkungen vollzogen werden; wenn dies nicht ausführbar erscheint, kann zum gleichen Zwecke, also auf Höhe jener Beträge, das im Deutschen Reiche befindliche Vermögen des Angeschuldigten durch Beschluß des Gerichts mit Beschlag belegt werden mit der Wirkung, daß Verfügungen des Angeschuldigten nach der ersten Verkündung des Beschlusses im deutschen Reichsanzeiger der Staatskasse gegenüber nichtig sind.[46]) Daneben kommen aber auch Beschlagnahmen des gesammten Vermögens des Angeschuldigten, unter Umständen einschließlich des ihm künftig anfallenden Vermögens, vor: die in gleicher Weise veröffentlichten Beschlüsse haben dieselbe Wirkung[47]), d. h. die Rechtsnachfolger des Angeschuldigten können der Staatskasse gegenüber den öffentlichen Glauben des Grundbuchs, der insoweit durch einen nicht daraus ersichtlichen Akt suspendirt wird, nicht für sich anrufen. Ausdruck finden die Beschlagnahmen beiderlei Art im Grundbuche durch Sperrvermerke, welche auf Ersuchen des Strafrichters einzutragen und zu löschen sind.

Zur Sicherung der Masse kann schon vor Eröffnung des Konkurses das Gericht einstweilige Anordnungen treffen, ein allgemeines Veräußerungsverbot an den Schuldner erlassen, also auch dessen Eintragung herbeiführen. Ist solche Maaßnahme öffentlich bekannt gemacht, so können „Pfand- und Hypothekenrecht, welche im Wege der Zwangsvollstreckung oder des Arrestes nach der Bekanntmachung des Verbots erworben oder eingetragen worden sind“, nach Eröffnung des Konkurses von den Konkursgläubigern ebenso angefochten werden, als wäre die Eröffnung schon zur Zeit der Bekanntmachung erfolgt. Die Bestimmung

---

[45]) § 15 der cit. V.O., § 143 des Reichsbeamten-Ges.

[46]) §§ 325, 326, 480 Str.P.O., § 140 Str.G.B., Ges. v. 11. März 1850, § 2 E.G. zum Mil.Str.G.B. v. 20. Juni 1872.

[47]) §§ 332—5, 480 Str.P.O., § 93 Str.G.B.

bezieht sich nicht auf Konventionalhypotheken, also auch nicht auf Vormerkung solcher oder gesetzlicher Titel zur Hypothek, sondern nur auf Personalansprüche; einzutragende Sperrvermerke können, da nur Anfechtbarkeit eintritt und der öffentliche Glaube des Grundbuchs nur zu Gunsten der Gläubigerschaft modificirt wird, fernere Eintragungen überhaupt nicht ausschließen, vielmehr nur das vorläufige Einschreiten des Konkursgerichts auch buchmäßig machen. Letzteres kann daher Eintragung und Löschung durch sein Ersuchen herbeiführen.[48])

Ueber die Wirkung der Eröffnung des Konkurses und darauf bezüglicher Vermerke kann auf Dernburg und Hinrichs S. 411 verwiesen werden: das Verfahren ist nicht verändert. Das Konkursverfahren tritt im Interesse der Gleichberechtigung aller Gläubiger dem Andringen einzelner mit dem Erfolge vorzugsweiser Befriedigung grundsätzlich entgegen. Für den Fall der wichtigsten und umfassendsten Kollision wurde so der Auffassung der A.G.O. vom Arreste maaßgebende Bedeutung gesichert. Die preuß. Konk.O. hat demselben Grundsatze auch außerhalb des Konkurses durch das Prioritätsverfahren in der Exekutionsinstanz für den Fall Geltung verschafft, daß mehrere Gläubiger auf Grund vollstreckbarer Titel Befriedigung aus denselben Objekten suchten. Für die Subhastation, welche der Praxis meist als Spezialkonkurs gegolten hat, sind im Laufe der Zeit Konsequenzen in entgegengesetzter Richtung gezogen, welche noch einer kurzen Erörterung bedürfen.

IV. Die Konkurrenz der Hypotheken- und der Personalgläubiger bei der Zwangsvollstreckung in Immobilien und deren Zubehör.

1. Alle seither erörterten Eintragungen bezwecken zunächst nur Sicherung des Gläubigers. Erlangt derselbe im einzelnen Falle thatsächlich Sicherheit durch das nunmehr hypothekarisch haftende Grundstück, so eröffnet sich damit für den Schuldner die Aussicht,

---

[48]) § 98 R.Konk.O., Fitting Konkursrecht S. 84, 285 ff., § 15 des A.G. zur Konk.O., wonach auch der Verwalter die Beschlüsse des Gerichts an die G.B. Behörden bringen kann. Aehnliche Bestimmungen finden sich in §§ 183, 188 R.Konk.O. in Anlaß betrüglichen Bankrutts.

daß der Gläubiger von weiterem Andringen absteht, ihm entweder selbst Realkredit gewährt, oder die Hypothek durch Cession verwerthet. Derartige Vortheile aus der Eintragung der Zwangshypothek können sich also nur Schuldner versprechen, welche ihren Realkredit nicht schon vor der eingetretenen Zahlungsstockung thatsächlich erschöpft hatten, was nach der Verkehrsentwicklung der Neuzeit nur noch in seltenen Ausnahmefällen zutreffen wird.

Als vollständiger Gegensatz zu derartigen Grundbuchoperationen erweist sich der Angriff des Gläubigers, welcher sich gegen das Grundstück selbst richtet. Es handelt sich hier um Beitreibung der Forderung, um einen Akt wahrer Zwangsvollstreckung mit dem nächsten Zwecke, an Stelle des Grundstücks Kaufgelder desselben, Baarmittel zur Schuldendeckung, zu gewinnen. Das den Besitzstand des Schuldners in Frage stellende Verfahren ist stets dem Realrichter zugewiesen worden, welcher der Regel nach auch das Grundbuch zu führen hatte, woraus sich erklärt, daß das ältere Recht über die Beziehung des Verfahrens zum Grundbuch vollständig schwieg.

Der Subhastationsprozeß der A.G.O. (I. 52) war gleichmäßig geregelt, mochte der Anlaß zur Einleitung in einem Konkurse, erbschaftlichen Liquidationsprozesse oder in Anträgen andringender Real- oder Personalgläubiger gegeben sein. Das Verfahren erhielt durch Aufnahme einer Taxe unter Zuziehung der Nachbarn und der Realgläubiger, demnächst Veröffentlichung der Subh.-Patente eine gewisse Publizität, welche von weiteren Notizen über die Einleitung der Subhastation im Grundbuche absehen ließ. Mit Publikation des Zuschlagsbescheides ging das Eigenthum auf den Adjudikatar über und waren den bei der Licitation festgestellten Bedingungen gemäß die Kaufgelder zu zahlen: damit war jenes nächste Ziel des Verfahrens erreicht, die Zahlung und die Vertheilung der Kaufgelder herbeizuführen, überließ die A.G.O. dem Selbstbetriebe der Betheiligten. Von einem durchgreifenden Kaufgelderbelegungsverfahren konnte nicht wohl die Rede sein, wenn das Meistgebot nicht nothwendig in einer Summe, sondern auch in Theilbeträgen nach und nach gezahlt werden konnte (§ 40): daraus ergab sich dann weiter, daß die Berichtigung des Grundbuches von den Ergebnissen der weiteren Verhandlungen abhängig blieb und nur nach Darlegung derselben durch die Interessenten erfolgen konnte.

Um den Schwierigkeiten zu begegnen, welche sich namentlich im Fall der Ueberschuldung des Grundstückes herausstellen mußten, gab die A.G.O. sowohl den Gläubigern, wie dem Schuldner und dem Käufer, das Recht, die Einleitung eines Liquidationsprozesses (I. 51, §§ 2—50) zu veranlassen, in dem der Realrichter die eingetragenen Gläubiger und die mit einem Titel zum Pfandrecht versehenen Gläubiger unter dem Präjudiz der Präklusion mit ihren Ansprüchen auf das Grundstück zu laden hatte, während Personalgläubiger ihre Ansprüche im gewöhnlichen Prozesse zu verfolgen hatten und überschüssige Kaufgelder nur im Wege des Arrestes mit Beschlag belegen lassen konnten (§§ 8—12). Die Einleitung des Verfahrens bewirkte einen „Beschlag" auf das Grundstück oder dessen Kaufgeld, „kraft dessen weder der Schuldner eigenmächtig darüber verfügen, noch ein Gläubiger zum Nachtheile der übrigen, bis zum Austrage der Sache, ein mehreres oder besseres Recht daran erlangen kann, als er vorhin schon daran gehabt hat". Das Gesetz erkannte damit an, daß älteren Titeln zum Pfandrecht durch den Arrestschlag ihre Wirksamkeit nicht entzogen werden könne, sicherte ihnen sogar Berücksichtigung innerhalb des anhängigen Verfahrens. Nach Maaßgabe der erfolgten Anmeldungen erging dann ein Präklusions- und Prioritätsurtheil, auf Grund dessen die Gläubiger Befriedigung fordern konnten. Ihre Forderungen wurden, wenn sie nicht schon fällig waren, mit Ablauf der vom Tage der Ladung zu rechnenden Kündigungsfrist, im Streitfalle mit der später erfolgenden Feststellung fällig (§ 32). Bei erhellender Unzulänglichkeit der Masse wurde, wenn es nicht zu einem Konkurse kam, ähnlich wie in einem solchen verfahren. So gewann der Adjudikatar die nothwendigen Unterlagen, um seine Eintragung als Eigenthümer und die Löschung der gedeckten und ausgefallenen Hypotheken zu erlangen.[1])

Daß der Subhastationsrichter bei seinem Verfahren den Inhalt des Grundbuchs, dem öffentlicher Glaube beigelegt war, nicht unbeachtet lassen konnte, betrachtete die A.G.O. als selbst-

---

[1]) A.Hyp.O. II. §§ 58, 266—8. Hier ist ein Konkurs oder ein Liquidationsprozeß vorausgesetzt, die Praxis wandte nach einigem Schwanken die Bestimmungen aber auf alle nothwendigen Subhastationen an, danach wurde das Präjudiz der Anh.-§§ 401, 402 zu § 35 I. 52 A.G.O. entsprechend gestellt. (Rabe 3, 212 und 8, 252.)

verständlich, sie übersah aber, daß die Grundbuchverfassung des A.L.R.s und der A.Hyp.O. Abschluß der Subhastation durch ein Offizialverfahren nicht nur ausnahmsweise, sondern für die große Mehrzahl der Fälle als Regel erheischte. Die Legitimation der Rechtsnachfolger der ursprünglichen Hyp.Gläubiger war nicht von der Eintragung ihrer Erwerbstitel abhängig, sondern konnte durch Produktion der letzteren nachgewiesen werden, sie war andrerseits durch Vorlegung der ertheilten Hyp.Instrumente bedingt; wurde sie nicht amtlich — wie im Liquidationsprozeß durch das Prioritätsurtheil — festgestellt, so lief der an einen Hyp.Gläubiger zahlende Adjudikatar Gefahr, mit dem Löschungsantrage von dem Grundbuchrichter, wenn dieser die Legitimation nicht als geführt anerkannte, abgewiesen zu werden. Solche Schwierigkeiten waren nur abzuwenden, wenn der Subhastationsrichter damit befaßt wurde, die Berichtigung des Grundbuchs seinerseits herbeizuführen, zu diesem Behufe aber die Legitimation der betheiligten Gläubiger mit ähnlicher Wirkung festzustellen, wie sie der Grundbuchrichter durch den Formalakt der Eintragung einer Succession für den Verkehr feststellte. Nur so konnte die Löschung nicht übernommener Hypotheken, auf welche der Adjudikatar nach Zahlung des Kaufgeldes Anspruch hatte, als gesichert, die für das Grundbuchwesen maaßgebende Legalitätsmaxime als gewahrt gelten. Dies drängte zu einer amtlichen Verhandlung mit der bei der Subhastation betheiligten Gläubigerschaft über die Vertheilung der Kaufgelder, der ein durchgreifender Erfolg nur zu sichern war, wenn die Rechte ausbleibender Interessenten von Amts wegen nach Maaßgabe des Grundbuchs wahrgenommen, bei entstehendem Streit Streitmassen gebildet, die unstreitigen Perzipienden dagegen sofort zur Auszahlung gebracht werden konnten. Wenn die Praxis sich mehr und mehr einem derartigen Verfahren zuwandte, so war dies nicht auf büreaukratische Neigung zur Einmischung in fremde Angelegenheiten, sondern auf die allmälig immer mehr befestigte Einsicht zurückzuführen, daß die bestehende Grundbuchverfassung einen derartigen Abschluß des Subhastationsverfahrens durchaus erheischte.

Je mehr sich dieses Verfahren einbürgerte, die Kaufgelderbelegung als das eigentliche Ziel des Verfahrens erschien, je mehr gelangte man dazu, auch die früheren Stadien desselben den verfolgten Tendenzen anzupassen, ihm von vornherein einen durchgreifenden Charakter zu sichern. Es wurde üblich, von Terminalzahlungen abzusehen, die Zahlung des gesammten Kaufgeldes im Kaufgelderbelegungstermine zur Bedingung zu machen, somit die Befreiung des Grundstücks von allen darauf haftenden Hypotheken als Ziel des Verfahrens anzusehen.[2]) Nur selten noch stellte man die Bedingung, daß der Käufer gewisse Hypotheken in Abrechnung auf den Kaufpreis zu übernehmen habe, sondern überließ ihm, sich mit den betreffenden Gläubigern zu verständigen. Parzellenweiser Verkauf der Grundstücke, obwohl er den Gläubigern oft erhebliche Vortheile in Aussicht stellen könnte, hat im preuß. Subhastationsverfahren aus ähnlichen Gründen kaum als durchführbar gegolten.

Den gerichtlichen Verkauf des Grundstücks konnte der jüngere Hypothekengläubiger ohne Rücksicht auf das bessere Recht des älteren herbeiführen (§§ 25 ff., 490 I. 20 A.L.R.). Sein dingliches Recht erschöpft sich in dem jus distrahendi, geradezu widersinnig wäre es gewesen, dem Gläubiger, während er die persönliche Klage anzustellen gar nicht in der Lage war (§ 46 I. 20 A.L.R.), auch diesen Rechtsbehelf auf ungemessene Zeit hinaus zu entziehen oder nur zu erschweren. Es war nicht anzunehmen, daß bei Bewilligung einer neuen Hypothek auf schon belastete Grundstücke ein Kreditgeber geneigt sein werde, sich in eine ganz hülflose Lage zu begeben und sich von dem Willen der älteren Gläubiger abhängig zu machen. Im Interesse des Kredits der Grundbesitzer entzog daher § 439 I. 20 A.L.R. der Abrede, durch welche Hypothekengläubiger dem Verkaufe des Grundstückes wider ihren Willen entgegenzutreten suchten, dem Verbote weiterer hypothekarischer Belastung, jede rechtliche Wirkung. Es ist charakteristisch, daß Suarez diese Bestimmung auch durch die Erwägung recht-

---

[2]) Durch Aufstellung derartiger Bedingungen erhält der Adjudikatar für den Fall der Erfüllung derselben den civilrechtlichen Anspruch auf Beseitigung aller Hypotheken nach § 124 I. 11 A.L.R. gegen die übrigen Subh.Interessenten, gleichviel welche Wirkung die Gesetze der Einleitung der Subhastation dem Hypothekenbestande gegenüber beilegen mögen. Vergl. Koch Civ.Proz. S. 592 Anm. 14 und die dort citirten Reskripte. Die das Verfahren leitenden Gerichte begünstigten eine derartige Behandlung, weil sie das Verfahren ungemein vereinfachte: Herr des letzteren ist aber eigentlich die Gemeinschaft der Subhastations-Interessenten, denen die A.G.O. bei Feststellung der Verkaufsbedingungen freie Hand gelassen hatte.

fertigt, daß der Hypothekengläubiger den Verkauf der Sache auf Betrieb der Personalgläubiger ohnehin nicht abwenden könne, daß er ein derartiges Recht der letzteren also als ein selbstverständliches betrachtete.[3])

Den Ausweg eines die Rechtsstellung voreingetragener Gläubiger nicht berührenden Verkaufes konnten die Redaktoren des A.L.R. nicht in Betracht ziehen, weil die Grundbuchverfassung, so große Vortheile man sich von deren Durchführung versprechen mochte, doch für ein derartiges Verfahren genügende Unterlagen nicht darbieten konnte. Das A.L.R. hielt an der accessorischen Hypothek fest, deren Inhalt sich nach der Obligation bestimmt, es verband mit den Angaben der Hyp.Bücher Präsumtionen, die denjenigen, welche darauf hin Rechte erworben hatten, zu gute kamen, aber keine Fiktionen, welche darüber hinaus dem Buchbestande die Bedeutung objektiver Richtigkeit beigemessen hätten. Das Gesetz ließ Eintragungen aller Art, auch unbestimmten Inhalts zu, berücksichtigte Nebenforderungen an Zinsen und Kosten und beschränkte die Haftung des Grundstückes dafür nur für den Fall der Unzulänglichkeit der Kaufgelder auf kurze Termine. Die Praktiker des vorigen Jahrhunderts haben deshalb die Frage gar nicht aufgeworfen, ob nach derartigen Elementen ein rechnungsmäßiger Ueberschlag über die hypothekarische Belastung des Grundstücks so aufgestellt werden **könne**, daß er der realen Verkehrsbewegung bei Abschluß wichtiger Geschäfte genügenden Anhalt bieten könne. Von besonderem gesetzlichen Schutze so unbestimmter Größen konnte nicht wohl die Rede sein trotz der Tendenz, den Realkredit zu fördern.

Mit dem letzteren haben seine Schöpfer, d. h. diejenigen, welche ihm in den Grundbüchern überhaupt erst haltbare Grundlagen gegeben hatten, nach den von ihnen bei der Durchbildung

[3]) Jahrb. 41, 60 f. Die preuß. Gesetzgebung ist von diesem Ausgangspunkte aus schließlich dahin gelangt, daß Personalgläubiger selbst den Verkauf von Faustpfändern, die ihr Schuldner Dritten übergeben hatte, im Wege der Exekution erzwingen konnten (preuß. Konk.O. §§ 264, 376). Solchen übertriebenen Konsequenzen ist § 710 Civ.P.O. entgegengetreten mit Rücksicht auf die thatsächlich gegebenen Unterschiede: aus dem Pfandrecht des Vermiethers, welches nicht auf Besitz, sondern nur der erkennbaren Thatsache der Illation beruht, also in einem der Hypothek wirklich verwandten Falle, kann der dinglich Berechtigte auch jetzt kein Widerspruchsrecht gegen den Verkauf herleiten.

der Gesetzgebung kundgegebenen Anschauungen durchaus keine abstrakten, irgendwie überspannten Vorstellungen verbunden. Die Prinzipien der Spezialität und Publizität steigerten die Bedeutung aller danach bestellten Sicherheiten in erheblichster Weise, konnten aber in den natürlichen Grundlagen des Kreditwesens nicht das Mindeste ändern. Die hypothekarische Belastung ist Nichts als der buchmäßige Ausdruck für ein bestehendes Kreditverhältniß: über der dinglichen Haftung der Sache verlor daher die ältere Praxis nie aus den Augen, daß diese Sache der Herrschaft des Eigenthümers unterworfen blieb, daß beider Schicksale eng verbunden waren und durch den Vermögensverfall des Eigenthümers sein Personal-, wie sein Realkredit gleichmäßig in Frage gestellt werden mußte. Man sah daher in der Subhastation nicht einen einfachen Akt der Zwangsvollstreckung, bei dem nur der betreibende Gläubiger und der Schuldner betheiligt waren, sondern ein zugleich gegen die Gläubigerschaft gerichtetes Kreditverfahren, bei dem die nach Lage des Grundbuchs betheiligten Personen von vornherein zuzuziehen waren, einen Spezialkonkurs.

Sehr wichtig war diese Auffassung für die Konstituirung der Aktivmasse. Konnte kein Hyp.Gläubiger dem Verkaufe der Sache widersprechen, so sahen sich alle gleichmäßig dazu aufgefordert, einer Verschleuderung der Sache entgegenzutreten, für die Erzielung eines dem wahren Werth entsprechenden Preises mit ihrem eigenen Vermögen und ihrem Kredite einzutreten. Was bei den bedeutenden Objekten des Grundbesitzes den einzelnen Betheiligten der Regel nach kaum erreichbar war, konnte von dem Zusammenwirken aller an der Gemeinschaft Betheiligten wohl erwartet werden. So wurde dem betreibenden Hypothekengläubiger ohne erhebliche Gefährdung der übrigen ermöglicht, über die stets problematischen Werthsschätzungen hinaus zu einer effektiven Werthsfeststellung der ihm haftenden Sache zu gelangen, auf die bei der Kreditgewähr aufgestellte Rechnung eine wirkliche Probe zu machen.

Von gleicher Bedeutung für den Werth der Hypothek ist die Feststellung der Passivmasse und der Priorität der Einzelnliquidate in dem den Verkauf voraussetzenden Liquidationsverfahren: das Grundbuch giebt nur eine antizipirte Lokatoria, ein der Korrektur nach Maaßgabe des wirklichen Bestandes der Schuldverhältnisse unterworfenes Schema. Erst die volle Durchführung des Verfahrens, die Erledigung der darin aufgeworfenen Streitfragen bezüglich der Verität und Priorität vorgehender Posten läßt zu einem Definitivergebniß bezüglich des Werths der Hypothek gelangen.

Auf diesem Standpunkte lag es nahe, bei der Kaufgelderbelegung alle unbedingte Ansprüche ergebenden Hypothekenforderungen als fällige zu behandeln. [4]) Es erleichterte die Abrechnung und griff der Freiheit Einzelner, dem Adjudikatar weiteren Kredit zu gewähren, in keiner Weise vor; jene konnten hierbei die persönliche Kreditwürdigkeit des Erstehers, wie die Feststellung des Werths des Grundstückes durch das Verfahren in Betracht ziehen. Dem Schuldner erwies sich diese Auffassung vortheilhaft, sofern nach Einleitung des Verfahrens selten weitere Hypotheken eingeklagt, also die erheblichen Kosten solcher Prozesse erspart wurden, welche ihn oder den letzten Perzipienten treffen mußten.

Personalgläubiger konnten nach der A.G.O. Grundstücke zur Subhastation bringen, nur wenn sich die zunächst vorgeschriebenen anderweiten Arten der Zwangsvollstreckung erfolglos gezeigt hatten, also unter Voraussetzungen, welche denen des Konkurses sehr nahe kamen. Im Liquidationsprozesse waren sie nur zuzuziehen, sofern man ihnen als immittirten Gläubigern einen Titel zum Pfandrecht zuerkannte. Jene Unterschiede sind im Laufe der Zeit beseitigt, Gläubiger beiderlei Art zum Antrag auf Subhastation durch vollstreckbare Titel genügend legitimirt mit dem alleinigen Unterschied, daß sich das Objekt des Verfahrens für Hypothekengläubiger durch ihr Pfandrecht, für den Personalgläubiger nach dessen freier Wahl bestimmt.

In ähnlicher Weise hat die fortschreitende Gesetzgebung dem Subhastationsverfahren selbst mehr und mehr schnellen Verlauf gesichert und die alleinigen Garantien für sachgemäße Ergebnisse desselben schließlich in der Oeffentlichkeit der Lizitation und der

---

[4]) Die oft gebrauchte Wendung, daß die Einleitung der Subhastation die Hypotheken fällig mache, ist nicht zutreffend. Die A.G.O. maß selbst dem Konkurse derartige Wirkung nicht bei (I. 50, §§ 150, 555), sondern verschob die Befriedigung der einzelnen Gläubiger bis zum Fälligkeitstermin ihrer Forderungen. Der verwandten Bestimmungen für den Fall des Liquidationsprozesses ist schon im Texte (bei Anm. 1.) gedacht. Wenn man von derartigen Unterschieden bei Vertheilung der Masse später absah, geschah es zur Erleichterung des Verfahrens im Interesse der Gläubigerschaft.

Zuziehung aller irgendwie Betheiligten gesucht, welchen man überließ, ihre Interessen bei der in Aussicht stehenden Substitution einer Kaufgelderforderung an Stelle des seither haftenden Grundstücks selbst zu wahren und mögliche Mißbräuche der so gesteigerten Rechte Seitens Einzelner durch eigene Thätigkeit abzuwenden. An den von der älteren Praxis gewonnenen Grundlagen hat man dagegen zunächst stets festgehalten, auch als vom Standpunkte des gemeinen Rechts und einer Theorie, welche nur Werthstheile des Grundstückes als Objekt des Pfandrechts anerkennen wollte, Bedenken erhoben wurden; man hat sich darauf beschränkt, dem überkommenen Systeme Durchbildung im Einzelnen zu geben und es hie und da zu berichtigen.

Man würde irren, wenn man annehmen wollte, daß es sich hierbei lediglich um Fragen des Prozeßrechts gehandelt habe. Das letztere hat für das Hypothekenrecht ebenso große Bedeutung, wie das Grundbuchrecht, ist entscheidend für die Realisirung des durch Eintragung erworbenen Rechts, vermag allein den illusionsvollen Grundbuchfloskeln konkreten Inhalt zu geben. Was der Hypothekengläubiger nicht durch Uebung seines Verkaufsrechts zu erreichen vermag, gehört dem Reich der Träume an.

Der Satz, daß der Hypothekengläubiger die ihm haftende Sache zur Deckung fälliger Ansprüche feil machen könne, ist daher materiellen Rechts und für den eigentlichen Inhalt des Hypothekenrechts schlechthin bestimmend: Rechtlich folgt er daraus, daß die verpfändete Sache als solche allen Hypothekaren haftet, daß insoweit das Recht Aller das gleiche ist, daß dagegen die Prioritätsordnung nur für eine bestimmte Eventualität, den Fall der Unzulänglichkeit der Kaufgelder, in Frage kommt. In dem für diesen Fall gesicherten Vorzugsrechte ist dem Gläubiger ein positives Recht an den Kaufgeldern gegeben, aus welchem negativ weder ein Recht des Widerspruchs gegen den Verkauf, noch gegen Modalitäten desselben, welche ihm sein Vorzugsrecht nicht verkümmern, hergeleitet werden kann, weil es nur am Surrogate der Kaufgelder besteht und zu realisiren ist.

Eine grundsätzliche Abänderung des Verfahrens trifft hiernach das Wesen des Hypothekenrechts, giebt ihm einen veränderten Inhalt. Der Realkredit, welcher seit Menschenaltern in unerwartetem Maaße gewährt worden ist, ist auf Grund des seitherigen Rechts gewährt. Man mag, um der allzu sehr wachsenden Verschuldung des Grundbesitzes entgegenzutreten, eine Einschränkung der Rechte selbst der Hypothekengläubiger für wünschenswerth halten; derartige Neuerungen aber auch für unter Herrschaft des älteren Rechts erworbene Hypotheken für maaßgebend erklären, hieße einer Aenderung des materiellen Rechts rückwirkende Kraft verleihen, erworbene Rechte in Frage stellen.

Daraus, daß die buchmäßigen Rechte der Hypothekengläubiger nicht berührt werden würden, folgt nur, daß die Eigenthümer der Grundstücke, deren Belastung dieselbe bleibt, sich nicht unmittelbar mit dem Schaden ihrer Gläubiger bereichern, direkt also Nichts gewinnen würden. Die Beschränkung des seitherigen jus distrahendi vermindert aber nicht nur die Chancen direkter Befriedigung des Gläubigers, sondern auch die der weiteren Begebung der Hypothek auf dem Geldmarkte, der bei Abschluß von Geschäften noch nie neben dem Grundbuch die effektiven Kreditverhältnisse aus den Augen verloren hat. In dieser Richtung heißt die Einziehbarkeit der Hypothek mindern: ihr einen Theil ihres Werths entziehen. Jedes Experiment dieser Art ist mit einer Baisse der an späteren Stellen eingetragenen Hypotheken unvermeidlich verbunden, d. h. nur mit Millionen effektiver Verluste zu erkaufen, welche den Eigenthümern nur zu gute kommen, wenn sie flüssige Mittel besitzen und derartige Chancen selbst ihren Kreditgebern gegenüber auszubeuten nicht verschmähen. Das einzige Mittel, welches mit solchen Verlusten bedrohten Hypothekengläubigern bleibt, wenn ihnen nicht ohnehin in Fällen des § 46 I. 20 A.L.R. jede Waffe entzogen ist, könnte nur in der Anstellung der Personalklage gegen den ursprünglichen Schuldner, d. h. dem Versuch gefunden werden, den Verlust auf diesen abzuwälzen, wodurch unzählige, mit Hülfe des seitherigen Systems in Vergessenheit gerathene Schuldverhältnisse ein neues, andere Existenzen empfindlich in Frage stellendes Leben gewinnen würden. Damit würde nur wiederum klar, daß Real- und Personalkredit immerhin Gegensätze, aber in nächstem Zusammenhang stehende Gegensätze sind, welche bei jedem erheblichen Umschwunge einander in Mitleidenschaft ziehen müssen.

2. Im Einzelnen ist im Anschluß an die früheren Erörterungen Folgendes zu bemerken.

Das Kaufgelderbelegungsverfahren ist zuerst durch die Subh.O. vom 4. März 1834 zu einem integrirenden Theil des Subhastationsverfahrens erhoben: damit wurde erreichbar, die Hyp.Gläubiger von der Einlassung in den Konkurs zu entbinden (V.O. vom 28. Dezember 1840). Die Konk.O. von 1855 brachte erschöpfende Normen für die Kaufgelderbelegung und gelangte in § 400 zu der Konsequenz, das Ersuchen des Subhastationsrichters bezüglich der Berichtigung des Grundbuchs für maaßgebend zu erklären.

Die Einleitung der Subhastation sollte nach § 3 der Subh.O. vom 4. März 1834 durch einen Vermerk im Grundbuche kundgegeben und eingetragen werden, daß spätere Dispositionen den bis dahin eingetragenen Gläubigern unnachtheilig seien. Dieser nach der Grundbuchverfassung überflüssige Zusatz verrieth eine gewisse Unklarheit des Gesetzgebers über den eigentlichen Zweck der Maaßnahme.[5]) Legte man ihr die Bedeutung eines Arrestschlags zu Gunsten des Extrahenten der Subhastation bei, so erlangte dieser als Personalgläubiger die Rechtsstellung eines Arrestanten[6]): die Legalformel gab aber einer derartigen Auffassung jedenfalls nicht unmittelbaren und unzweideutigen Ausdruck. Die Subh.O. vom 15. März 1869 (§§ 8—10) ließ nur die Einleitung der Subhastation eintragen und bestimmt zur Klarstellung der Tragweite des Vermerks: „die Einleitung der Subhastation bewirkt zu Gunsten der Gläubiger, welche dieselbe beantragt haben, oder ihr beigetreten sind, sowie der zur Zeit der Einleitung vorhandenen Realgläubiger eine Beschlagnahme des Grundstücks und macht dasselbe in Bezug auf diese Personen zu einer streitigen (litigiosen) Sache".

Man hat offenbar, um nicht in Kasuistik zu verfallen, nach einer grundsätzlichen Lösung gesucht, dazu taugliche juristische Kategorien aber kaum gefunden. Beschlagnahme ist kein Rechtsbegriff, sondern eine Kollektivbezeichnung für ihrer Natur nach ganz verschiedene Akte der Arrestanlegung und der Pfändung, welche überdies nach

---

[5]) Möglicher Weise sollte der Vermerk den erwähnten Bestimmungen der A.G.O. über den Liquidationsprozeß gegenüber andeuten, daß nunmehr nur die zur Eintragung gelangten Titel zum Pfandrecht im Verfahren Beachtung finden könnten.

[6]) Die Praxis faßte den Vermerk als zu Gunsten des Extrahenten eingetragen auf, so daß auch ihm spätere Eintragungen unnachtheilig bleiben. Koch Civ.P.O. S. 571.

der Prozeßgesetzgebuug je nach der Art der Objekte, welche verstrickt werden sollen, in der verschiedensten Form zur Ausführung zu bringen und nur durch die Beobachtung solcher Spezialbestimmungen wirksam zu machen sind. Der Arrest setzt Feststellung seines Objekts durch richterliche Anordnung und, soweit es sich um bewegliche Sachen handelt, neuerlich Pfändung voraus: Eintragung im Grundbuch war als selbständiger Modus der Arrestanlegung auch dem älteren Recht unbekannt, nirgends gesetzlich ausgesprochen, daß jede buchmäßige Beschlagnahme des Grundstückes, wie eine effektive, auch Pertinenzen desselben erfasse. Nur bezüglich der Beschlagnahme ganzer Vermögen, also für bestimmte Ausnahmefälle, sichern gesetzliche Fiktionen der Verhängung der Maaßnahme mit ihrer Verkündung sofort durchgreifende Wirkung.

Die Subh.O. läßt die Beschlagnahme in Wirksamkeit treten mit der Einleitung der Subhastation, d. h. dem bezüglichen Beschlusse des Vollstreckungsrichters, welcher Niemand binden kann, der ihn nicht kannte oder kennen mußte. Nach den Motiven wird dies dadurch gerechtfertigt, daß von jenem Momente an die Grund- und Subhastationsakten als verbunden zu betrachten, also von Jedermann gleichmäßig in Betracht zu ziehen seien. Fiktionen dieser Art hätte das Gesetz selbst Geltung sichern müssen, um so mehr, als sie mit den Grundsätzen des Grundbuchrechts unvereinbar sind; über die Tragweite der Beschlagnahme geben die Akten nicht mehr Aufschluß, als der Einleitungsbeschluß, von dem der Schuldner nach § 8 Subh.O. in Kenntniß zu setzen ist ohne weitere besondere Auflagen und Verbote.

Die Kategorie der Litigiosität, welche die Motive selbst nicht für vollständig zutreffend erklären, ist für sich ohne jeden selbständigen Inhalt, ihre Bedeutung im einzelnen Falle ganz und gar von thatsächlichen Momenten, den durch die Natur des in Anspruch genommenen Rechts an der Sache bedingten Inhalt der Klage, den zur Zeit der Zustellung derselben obwaltenden Zustand, bedingt. Durch die dingliche Klage des Hypothekengläubigers [7])

---

[7]) Der Personalgläubiger, welcher die Eintragung seiner Forderung im Wege der Exekution erlangt hat, kann auf Grund des seinen Personalanspruch feststellenden Erkenntnisses die Subhastation nur wie ein Personalgläubiger, also nur gegen den Schuldner, nicht gegen dessen Besitznachfolger betreiben (O.Trib. bei Gruchot 23, 751). Die Praxis hatte früher bei ihrer Neigung

wurde das Grundstück schon mit deren Zustellung in dem Sinne litigios, daß ein obsiegliches Erkenntniß dem Gläubiger auch die Subhastation gegen Besitznachfolger des Schuldners sichert, wie in § 6 Al. 2 Subh.O. anerkannt war, die Beschlagnahme konnte dies Recht nicht steigern. Dem Subh.Antrag des Personalgläubigers, welcher nicht Rechte am Grundstücke für sich in Anspruch nahm, gebrach es an jedem Material zur Klarstellung, wie weit Litigiosität eintreten könne.

Im Einleitungsbeschluß und dem Subhastationsvermerk liegen also nur amtliche Kundgebungen dahin vor, daß die zuständige Behörde den Antrag eines Gläubigers, das Grundstück behufs seiner Befriedigung zum Verkauf zu stellen, für begründet erachtet, daß ein wahrer Akt der Zwangsvollstreckung in die Substanz des Grundstücks begonnen hat. Dem Inhalte nach handelte es sich also lediglich um eine Immissionsverfügung im Sinne des älteren Rechts.

Die Eintragung sichert daher auch dem Personalgläubiger den Fortgang des Verfahrens gegen Besitz- und Eigenthumsnachfolger. Soweit in der Beschlagnahme ein Arrestschlag zu Gunsten der Extrahenten und Adhärenten zu finden war, konnten dieselben nach dem bestehenden Rechte daraus Vorzugsrechte nicht für sich herleiten: die Subh.O. ging aber auch hier auf die Grundsätze der A.G.O. bezüglich der Immission zurück. Nach § 60 kommen nach den vor Einleitung der Subhastation eingetragenen Realgläubigern zur Perzeption die Extrahenten, Adhärenten und die nach Einleitung der Subhastation eingetragenen Gläubiger, die Priorität bestimmt sich unter ihnen nach dem früheren Tage der Einleitung, der Zulassung des Beitritts zum Verfahren oder der Eintragung, zum Theil also nach aus dem Grundbuch nicht ersichtlichen Momenten. Die Stellung der Extrahenten und Adhärenten, welche bisher eine zweifelhafte gewesen war, wurde mit Rücksicht darauf, daß sie die eigentlichen Herren des Verfahrens

---

zu durchgreifendem Verfahren vielfach das Gegentheil angenommen. Man vergl. Schles. Arch. 5, 384, Entsch. 44, 322—48, 139—50, 198 ff., auch oben S. 37, im Uebrigen Jäckel Subh.O. zu § 6.

Daß die Zustellung der Klage des Hypothekengläubigers auch die Früchte des Grundstücks litigios mache (vergl. Förster-Eccius III. 550), kann ohne entsprechende Kundgebung des Gläubigers durch bestimmte Anträge nicht angenommen werden.

sind, so geändert, daß sie in die Reihe der Realgläubiger eintraten, diesen also nunmehr rechtlich gleichgestellt wurden. [8]) Der Grundsatz wird als singulärer, lediglich durch die Eigenthümlichkeit des Zwangsverkaufes gebotener aufgestellt: er hat für die Fälle der Sequestration und der Beschlagnahme der Einkünfte des Grundstückes keine Geltung.

Rechtliche Folge der in der Einleitung der Subhastation liegenden Beschlagnahme ist mithin die Suspension des Grundbuchrechts bezüglich der Wirkung der Eintragung von Hypotheken: nach Eintragung des Subhastationsvermerks giebt die Eintragung einer Hypothek nicht die regelmäßigen Garantien, sichert nicht die buchmäßige Priorität. Das Grundbuch gewährt von da an nicht mehr vollständige Uebersicht über die Schuldverhältnisse, sein öffentlicher Glaube ist daher erheblich eingeschränkt [9]): damit ist anerkannt, daß die Institution normale Verhältnisse voraussetzt und daß bei Vermögensverfall des Eigenthümers die volle Aufrechterhaltung der mit der Eintragung verbundenen Präsumtionen nicht an der Stelle ist. Der so eintretende, bis zur Löschung des Subhastationsvermerks währende Ausnahmezustand kann aber Titeln zum Pfandrecht, welche vor Eingang des Ersuchens des Subhastationsrichters zur Eintragung präsentirt sind, das hierdurch gewahrte Vorzugsrecht nicht entziehen: die Suspension des öffentlichen Glaubens des Grundbuchs durch den Erlaß des Einleitungsbeschlusses vor dessen Eingang zu den Grundakten hätte nur durch ausdrückliche Bestimmung des Gesetzes gutgläubigen Dritten gegenüber herbeigeführt werden können. [10])

---

[8]) Wegen Unklarheit der §§ 3, 16 Subh.O. v. 4. März 1834 und §§ 385—6, 401 der preuß. Konk.O. war die Neuerung schon durch § 1186 des Entw. einer Civ.P.O. von 1864 unter den hervorgehobenen Gesichtspunkten vorgeschlagen.

[9]) Die Angabe der Namen der Extrahenten und Adhärenten, der auf ihren Antrag beizutreibenden Summen unter Beifügung der maaßgebenden Daten würde die wahre Lage der Sache buchmäßig machen, dem regelmäßigen Verkehr aber nicht mehr von Nutzen sein, da von solchem unter den obwaltenden Verhältnissen überhaupt nicht mehr die Rede sein kann.

[10]) A. M. O.Trib. (Entsch. 80, 152, auch Striethorst Arch. 97, 221), im Widerspruch mit den sonst von ihm festgehaltenen Grundsätzen unter dem Gesichtspunkt, daß ein Spezialkonkurs vorliege. Ebenso Bahlmann S. 264 Anm. 6a mit besonderer Rücksicht darauf, daß ein die Streitfrage direkt entscheidender Antrag abgelehnt sei, womit eine stillschweigende Aenderung der Grundbuchverfassung für möglich erklärt werden würde. Vergl. Dernburg

Bei Feststellung der Prioritätsordnung konkurriren nunmehr also der Subhastationsrichter durch seine die Einleitung des Verfahrens und die Zulassung eines Adhärenten aussprechenden Beschlüsse und der Grundbuchrichter, wenn er weitere Hypotheken eintragen läßt. Nur die Verfügungen des letzteren führen zu buchmäßiger Belastung, geben die Rechte eingetragener Gläubiger in vollem Maaße, wenn auch ohne die regelmäßigen Garantien: zu Gunsten der Extrahenten und Adhärenten[11]) wird dagegen nur das Surrogat des Grundstückes, die in Aussicht stehende Kaufgelderforderung bestrickt, Vorzugsrecht daran nach Maaßgabe der Zeit der Immission gesichert. Es entsteht also kein Hypothekenrecht für diese Interessenten: ihre Forderungen erlangen nicht Ordrequalität, sind nicht Objekt der Eigenthümersuccession, das damit verbundene Vorzugsrecht ist von der Durchführung des Subhastationsverfahrens abhängig, kommt mit demselben in Wegfall und kann nur bei der Kaufgelderbelegung, bei welcher es von Amtswegen zu berücksichtigen ist (§ 64), realisirt werden. Es erlischt daher auch durch Eröffnung des Konkurses, wie andere Beschlagnahmen, selbst wenn der Konkursverwalter seinerseits das anhängige Verfahren fortsetzen läßt (§§ 11, 116 R.Konk.O.), weil die Extrahenten und Adhärenten ihre seitherige Stellung eingebüßt haben.[12])

Seit Annahme dieser Grundsätze treffen die Gesichtspunkte der Arrestanlegung für das Grundstück selbst nicht mehr zu: das

---

I. 855 Anm. 11 und Jäckel Subh.O. zu § 60 Anm. 2. Jetzt ist auch § 238 Civ.P.O. in Betracht zu ziehen.

Die Rhein. Subh.O. § 6 erklärt die Eintragung in die Hyp.Register für entscheidend.

[11]) Nach §§ 33, 34 Subh.O. können diese den Subh.Antrag nur bis zum Schlusse des Bietungstermins zurücknehmen; hieraus kann man folgern, daß später ein Beitritt nicht wirksam erfolgen kann, während die Motive der Subh.O. die Ertheilung des Zuschlags als kritischen Zeitpunkt in Aussicht nehmen. Vergl. Jäckel Subh.O. zu § 60 Anm. 11. Formal legitimirt aber der Beschluß des Subh.Richters, der einen späteren Beitritt zuläßt, über die Wirksamkeit ist dann im Streitfalle durch Prozeß zu entscheiden. So lange das Grundstück noch Eigenthum des Schuldners ist, werden es seine Gläubiger für ihre Forderungen in Anspruch nehmen können, das schwebende Verfahren aber gegen sich gelten lassen müssen. Durch Versagung des Zuschlags kommt dasselbe wieder in vollen Gang und würde damit weitere Konkurrenz möglich.

[12]) Vergl. Dernburg II. 304 Anm. 8., v. Wilmowski Konk.O. zu § 115 cit. Ist die Subhastation von einem absonderungsberechtigten Hyp.-Gläubiger ausgebracht, so ändert sich in dessen Stellung nichts.

den betreibenden Personalgläubigern gesicherte Vorzugsrecht ist der Beeinträchtigung durch weitere Verfügungen des Schuldners entzogen, zu entsprechendem Verbot also jeder Anlaß weggefallen, die Beschlagnahme also auf ein derartiges Verbot nicht zu deuten.

Die Beschlagnahme des Grundstücks kann keinenfalls Rechte alteriren, welche vor Einleitung der Subhastation am Grundstück buchmäßig erworben sind. Der Buchbestand soll aber, wird weiter gefolgert [13]), nicht zum Nachtheil der Subhastations-Interessenten verändert werden, namentlich soll dem Schuldner jede derartige Disposition entzogen sein. Er soll eine ihm zustehende Eigenthümerhypothek nicht mehr wirksam cediren, Zinserhöhungen für eingetragene Posten nicht mehr bewilligen können. Man hat aus der Beschlagnahme selbst Rechtsfolgen für dritte Personen herleiten wollen: ältere eingetragene Gläubiger sollen auf ihre Hypotheken restirende Valuta nicht mehr an den Schuldner zahlen, Kautionsberechtigte sollen nach der Beschlagnahme entstandene Forderungen nicht an Stelle der Kaution liquidiren dürfen. Die Praxis will durch solche Strenge den andringenden Personalgläubigern zu Hülfe kommen, übersieht aber, daß, soweit dies auf Kosten dritter Personen geschehen würde, man flagrante Rechtsverletzungen an Stelle nur problematischer treten ließe.

Vom Standpunkte des Grundbuchrechts ist namentlich hervorzuheben, daß die Belastung durch Eintragung den Bestand eines entsprechenden materiellen Rechts zur Zeit der Eintragung nicht zur nothwendigen Voraussetzung hat, sondern dem Gläubiger Sicherheit gewährt für seine Forderung in ihrem Bestande zur Zeit der Konkurrenz mit anderen Realgläubigern. Der Gläubiger hat daher das Recht, sich die Hypothek durch Nachzahlung noch rückständiger Valuta bis zur Kaufgelderbelegung zu sichern: die Gläubiger des Schuldners können den Anspruch des Schuldners auf restirende Valuta pfänden lassen, sonst aber nicht in ihnen ganz fremde Vertragsverhältnisse eingreifen. Dies gilt auch für Kautionshypotheken, wenn der Gläubiger sich verpflichtet hat, dem Schuldner darauf hin weiteren Kredit zu gewähren. Durch die Eintragung sind entsprechende Gläubigerrechte selbständigen Inhalts erworben und gesichert; daraus folgt, daß sie von gegen

---

[13]) Vergl. Jäckel Subh.O. und Wachler Subh.O. zu § 9, Dernburg I. 854 Anm. 7.

das Grundstück gerichteten Angriffen unberührt bleiben, daß es vielmehr besonderer Akte der Beschlagnahme nach den Vorschriften der Civ.P.O. bedarf, um das zwischen dem Gläubiger und Schuldner bestehende Rechtsverhältniß zu modifiziren, und besonderer Eintragung neben solchen Posten, wenn auch dritte Personen daran gebunden werden sollen. Zum Vortheil wie zum Nachtheil aller Hypothekengläubiger sind für jeden nur die zur Zeit der Kaufgelderbelegung obwaltenden Rechtsverhältnisse in Betracht zu ziehen, bei Mangel jeder Präklusion nur dieser Moment, in dem sich die konkurrirende Gläubigerschaft zu konstituiren hat, als der kritische anzuerkennen.[14]) Bis dahin vollziehen sich auch Successionen in die eingetragenen Posten nach den gewöhnlichen Vorschriften und ist auch weitere Uebertragung von Eigenthümerhypotheken nur durch Beschlagnahme derselben auszuschließen. Zinserhöhungen in den Schranken des § 25 E.G. werden als Dispositionen anzuerkennen sein, welche das Gesetz selbst als der Gläubigerschaft unnachtheilige Dispositionen dem Eigenthümer freigiebt, falls sie nicht in frauduloser Absicht getroffen sind. Nur die Konkurseröffnung berührt das Verhältniß des Kridars zu seinen Gläubigern auch materiell: der Einleitung der Subhastation sind ähnliche Wirkungen nirgends beigelegt und auch daraus nicht zu folgern, daß ihr die Natur eines Spezialkonkurses nicht abzusprechen ist, sofern sich dieser Begriff mit dem Begriff Konkurs keineswegs deckt. —

3. Zu einer folgenreichen, daher hier zu erwähnenden Neuerung gelangte die Subh.O. von 1869 darin, daß sie das gesammte Verfahren viel ausschließlicher auf das Grundbuch basirte, als das ältere Recht. Die A.G.O. ließ es mit Aufnahme einer Taxe beginnen, deren Bedeutung sich keineswegs in der Schätzung des Werths erschöpfte, deren nächster Zweck vielmehr war, festzustellen, welche Objekte zur Befriedigung des Extrahenten zum Verkauf gestellt werden sollten. Es war dies unerläßlich, da nach der A.Hyp.O. die Buchführung sich mit Spezifikation der Bestandtheile des Grundstückes gar nicht zu befassen hatte. Der Mangel der

[14]) Früher vom O.Trib. (Striethorst Arch. 37, 126) für das ältere Recht anerkannt. Spätere Entscheidungen (Entsch. 54, 169 und 61, 384) erklären den Tag der Verkündung des Zuschlagsbescheides für maaßgebend nach älterem Recht: der Eigenthumswechsel am Grundstück ist aber unerheblich für die dinglich Berechtigten, denen das Surrogat in gleicher Weise haftet, wie jenes.

Taxe machte daher das Verfahren nichtig (§ 348 Nr. 1 I. 11 A.L.R.), obwohl die Taxe nur in dem Maaße, wie bei Käufen in Pausch und Bogen, dem Ersteher gegenüber zu vertreten war. Seitdem war die Aufnahme thatsächlicher Notizen über den Umfang der Grundstücke in die Titelblätter üblich geworden und in der Veranlagung zur Grund- und Gebäudesteuer eine Grundlage zur Schätzung des Werthes gewonnen, welche ähnliche Garantien zu bieten schien, wie eine spezielle Taxe. Man sah darauf hin 1869 von dem Erforderniß der Taxe vollständig ab, befaßte also den Subh.Richter in keiner Weise mehr mit Feststellung des Objekts seines Verfahrens, basirte letzteres vielmehr ausschließlich auf die Angaben der Titelblätter und Extrakte aus den Steuerbüchern, welche der Extrahent zu beschaffen hatte, also immerhin auf amtliches Material, doch auf papierne Grundlagen, deren Verhältniß zu dem wirklich obwaltenden Zustand völlig dahingestellt blieb. Die G.B.O. hat, den so eingeschlagenen Weg verfolgend, die Zurückführung der Grundbücher auf die Steuerbücher angeordnet, so daß der Regel nach die Titelblätter alle in Frage kommenden Notizen enthalten.

Seitdem kann man als Objekt des Verfahrens das Bucheigenthum oder das Steuerkonto des Schuldners in seinem Aktivbestande ansehen; das Helldunkel, welches über den kurzen, über sich hinaus auf Karten und Akten verweisenden Notizen liegt, ist fortan nicht mehr durch Zurückgehen auf Feststellungen des Subh.Richters zu lichten, es ruht über dem ganzen Verfahren und seinen Ergebnissen. Was zum Verkauf gestellt, verkauft, zugeschlagen, nach Zahlung des Kaufgeldes zu übergeben sei, worauf sich eine mit dem Verfahren verbundene Präklusion der Realprätendenten erstrecke, kann nur nach diesem Material entschieden werden, dessen absolute Korrektheit vom Gesetze nicht gefordert, noch weniger fingirt wird.

Auf die Lösung der Schwierigkeiten, welche durch hervortretende Differenzen zwischen den Buchangaben und dem Realzustand nicht selten entstehen, und eine Erörterung der dabei aufzuwerfenden Vorfragen ist hier so wenig einzugehen, wie auf die nach Annahme des Auflassungssystemes aufzuwerfende Frage, ob Subhastation nur noch gegen den Bucheigenthümer, oder, nach wie vor, auch gegen den Besitzer auf Grund eines gegen diesen ergangenen vollstreckbaren Titels bei Führung des in § 6 Subh.O. geforderten

Beweises ausgebracht werden könne.[15]) Es ist der Tendenz der neuesten Gesetzgebung, das Verfahren mehr und mehr auf Grundbuchnotizen zu stützen, nur gedacht, um darauf hinzuweisen, daß man, in dieser Richtung weiter fortschreitend, dahin gelangen konnte, mit der Eintragung des Subhastationsvermerks nicht nur Wirkungen betreffs des eigentlichen Objekts der Buchführung, sondern darüber hinaus auch Wirkungen betreffs solcher beweglichen Sachen zu verbinden, welche zeitweise als Zubehör des Grundstücks angesehen, zugleich aber, als zum beweglichen Vermögen des Schuldners gehörig, von dessen Gläubigern der Pfändung unterworfen werden können. Auf eine solche Auffassung deutet die Bestimmung des § 9 Subh.O. hin, daß die Beschlagnahme auch zu Gunsten der schon vorhandenen Realgläubiger wirke.

Außer Zweifel steht, daß in Folge dieser Bestimmung der besitzende Schuldner straf- und civilrechtlich verantwortlich gemacht werden kann, wenn er das Objekt der Beschlagnahme bei Seite schafft, zerstört oder sonst der Verstrickung entzieht (§ 137 Str.G.B.). Dinglicher Rechtserwerb ist für die betreibenden Personalgläubiger hieraus nicht zu folgern, das Recht der Hyp.Gläubiger, das kraft der Eintragung besteht, dem Objekte nach nicht verändert und nicht gesteigert. Beide können Deliktsklagen gegen den Schuldner und seine Helfershelfer anstellen, aber nur auf Wiederherstellung des vor dem Arrestbruch bestehenden Zustandes, dagegen Werthsersatz nur zur Immobiliarmasse und erst nach Vertheilung derselben auf Höhe ihres Ausfalls für sich von den Delinquenten fordern. Im Besitze Dritter können auch die Hyp.Gläubiger Sachen zu ihrer Befriedigung nur in Anspruch nehmen, die ihrem Pfandrechte zur Zeit des Erwerbs jener unterworfen waren: insoweit können nach § 30 E.G. in Betracht kommen Natural- und Civilfrüchte, das dem Schuldner gehörige bewegliche Zubehör des Grundstückes — von den obligatorischen Ansprüchen, welche in Schädensfällen an Sachen dieser Art und Gebäuden dem Schulder aus Versicherungsverträgen erwachsen sind, wird hier abgesehen.

---

[15]) Ueber das Rechtsprinzip der Spezialität und dessen Verdunkelung durch Einmischung administrativer Gesichtspunkte ist unter Darlegung des historischen Verlaufes gehandelt bei Dernburg und Hinrichs S. 18, 37, 166 ff., 238 ff., über die Subhastation gegen den Besitzer S. 306—324. Es handelt sich um schwerwiegende Prinzipienfragen, die dadurch nicht aus der Welt geschafft werden, daß Doktrin und Praxis es vorziehen, sie todtzuschweigen.

Das A.L.R. hat die betreffs solcher Sachen aufzuwerfenden Fragen im Sinne des Realkreditwesens entschieden. Es entzieht dieselben nicht der Haftung für die Hypotheken, läßt sie insoweit die Schicksale der Hauptsache, des Grundstücks, theilen, erstreckt also die Wirkung der Eintragung auch auf bewegliche Sachen, die unmittelbares Objekt der Buchführung in keiner Weise sind, weil eine derartige Begünstigung der Hyp.Gläubiger den Realkredit fördern mußte.

Ebenso klar war man sich aber darüber, daß das Realkreditwesen volle wirthschaftliche Freiheit des Eigenthümers erheische, daß er derselben und des dadurch bedingten Personalkredits bedürfe, damit ihm pünktliche Zinszahlung, Erhaltung und Verbesserung des wirthschaftlichen Zustandes des Grundstückes auch unter schwierigen Umständen erreichbar bleibe. Die grundsätzlich anerkannte Haftung des Zubehörs u. s. w. für die Hypotheken war also eine resolutiv bedingte: jede Verfügung des Eigenthümers zu Gunsten dritter Personen löste jene Haftung, der Uebergang in das Eigenthum Dritter ließ auch das Hyp.Recht erlöschen. Diese Freiheit des Eigenthümers ist eine absolute, nicht etwa mit der Verpflichtung verbundene, den Erlös veräußerter Früchte u. s. w. zur Deckung der Hypothekenzinsen nach Maaßgabe der Prioritätsordnung zu verwenden: er macht sich nicht persönlich verantwortlich, wenn er hiervon absieht. Sie dauert fort, bis sie ihm durch entsprechende Maaßnahmen entzogen wird, bis zur Einsetzung eines Sequesters, der mit der gesammten Wirthschaftsführung im Interesse der Gläubiger durch das Gericht befaßt wird.[16]) Eingeschränkt wird sie durch Pfändung bestimmter beweglicher Sachen, Beschlagnahme laufender Pachtzinsen u. dgl. in dem Maaße, welches sich aus der getroffenen exekutivischen Anordnung ergiebt. Bis dahin konnten Dispositionen des Eigenthümers nach §§ 445, 475 I. 10 A.L.R. die auf dem Grundstücke vorhandenen beweglichen Sachen und die laufenden Einnahmen der bisherigen Haftung rechtsgültig entziehen.

In der Hauptsache haben weder § 9 Subh.O., noch die wenig präcisen §§ 30, 31 E.G. in dieser Rechtsstellung des Eigenthümers

---

[16]) Der „Beschlag" in § 5 I. 51 A.G.O. traf das Grundstück oder die Kaufgelder, nach § 6 berührte er das übrige Vermögen des Schuldners und das Recht der Bewirthschaftung nicht.

Etwas ändern wollen: vollständig aufgehoben wird sie nur durch Sequestration. Die Neigung zu durchgreifenden Maaßnahmen hat die Praxis aber aus der mit der Einleitung der Subhastation verbundenen Beschlagnahme des Grundstückes folgern lassen, daß wohl die ordnungsmäßige Verwaltung des Eigenthümers unberührt bleibe, jede deren Grenze überschreitende Disposition desselben aber durch die Beschlagnahme ausgeschlossen und in Folge dessen anfechtbar sei.[17]) Wie es schon sehr mißlich ist, die straf- und civilrechtliche Verantwortlichkeit des Besitzers an so wenig begrenzte Voraussetzungen zu binden, so bedenklich muß es scheinen, Dritte, welche mit dem in der Verwaltung belassenen Eigenthümer kontrahiren, an derartige, in dem Subhastationsvermerk zu keinerlei Ausdruck gelangende Dispositionsbeschränkung zu binden und mit einer entsprechenden Verantwortlichkeit zu belasten.

Gleichviel, welcher Auffassung man beipflichten will, man wird nicht in Abrede stellen können, daß die der Disposition des Eigenthümers unterliegenden Objekte von seinen Personalgläubigern zum Gegenstand einer Pfändung gemacht werden können, daß also eine Kollision der daraus erlangten Pfandrechte mit dem Hypothekenrecht der Hypothekengläubiger jederzeit eintreten kann. Das Pfandrecht wird durch Vollzug der Pfändung nach den Bestimmungen der Civ.P.O. erworben[18]) und kann nur durch Aufhebung der Pfändung durch das Vollstreckungsgericht beseitigt oder durch andere Gläubiger wegen eines ihnen zustehenden Vorzugsrechts in Frage gestellt werden (§§ 685, 710 Civ.P.O.). Nimmt die Pfändung ihren normalen Verlauf und ist der Erlös an den Personalgläubiger ausgezahlt worden, so kann von einer Kollision bei Mangel

---

[17]) Bezüglich der Praxis des O.Trib. kann auf die Zusammenstellungen in den Kommentaren zu § 9 Subh.O. verwiesen werden. Sie hat schon mit der Eintragung des Subh.Vermerks nach der V.O. von 1834 ähnliche Wirkungen verbunden und ist die nächste Grundlage der neuen Bestimmungen über die Beschlagnahme. Vergl. Dernburg I. 854.

[18]) Der Akt der Pfändung hat eine Kognition des Gerichtsvollziehers über die gesetzliche Zulässigkeit derselben zur Voraussetzung: die Vollziehung der Pfändung vermittelt den Erwerb entsprechenden Pfandrechts. Die getroffene Entscheidung kann irrig sein, ist aber nur im geordneten Instanzenzuge zu beseitigen: es handelt sich stets um einen nach Lage aller Umstände des Falls zu entscheidenden Parteistreit. Man vergl. Nessel in Gruchot 26, 200 ff., Heidenfeld das. 489 ff., und über die in Betracht zu ziehenden Bestimmungen das Ges. v. 4. März 1879 (§§ 1, 2, 7, 23), Kurlbaum Subh.O. S. 7 f.

eines Objekts derselben nicht mehr die Rede sein, eine Klage auf Herausgabe des Erlöses nur auf eine persönliche Verpflichtung dazu gegründet werden. Schließt der Subh.Vermerk die Pfändung nicht aus, so kann er auch nicht zur Begründung einer solchen Klage ausreichen. Das ältere Hypothekenrecht ist daher zu wahren nur durch Diligenz des Hypothekengläubigers, dadurch, daß er sein Recht rechtzeitig an der ihm haftenden beweglichen Sache zur Geltung bringt, dieselbe zur Immobiliarmasse (§ 757 Civ.P.O.) ziehen läßt. Die legal ohne solche Intervention durchgeführte Pfändung zur Deckung des Anspruchs eines Personalgläubigers befreit ihr Objekt von dem darauf haftenden Hypothekenrechte.[19]) Das letztere braucht nicht betreffs der einzelnen beweglichen Sachen besonders erworben zu werden, seine Dinglichkeit ist aber keine absolute, sondern an thatsächliche Voraussetzungen gebundene, mit deren Wegfall es erlischt.

Auf die Spezialbestimmungen, welche die Hypothekengläubiger gegen nachtheilige Verfügungen des Schuldners über stehende und hängende Früchte, gegen Vorauserhebung von Mieths- und Pachtzinsen u. dgl. m. schützen sollen, auf deren Verhältniß zur Civ.P.O. und auf mancherlei in dieser Richtung bestehende Zweifel[20]), ist an dieser Stelle nicht weiter einzugehen. Jede Steigerung der Rechte der Hypothekengläubiger, welche diese in die Lage bringen würde, das bewegliche Zubehör des Grundstücks den Angriffen der Personalgläubiger zu entziehen, ohne daß solche Intervention auf einen vollstreckbaren Titel, und konkurrirende Zwangsvollstreckung in das Grundstück zu stützen wäre, müßte dem wirthschaftenden Eigenthümer jeden Personalkredit entziehen; der diesen

---

[19]) Vergl. die Gruchot 26, 494 erwähnte Entscheidung des Reichsgerichts: der Schuldner, welcher die Pfändung widerspruchslos zuläßt oder sie nicht anficht, giebt dazu seine Zustimmung. Die Bedenken, welche man dagegen aufstellen kann, daß der Zwangsvollstreckungsrichter Erklärungen des Schuldners, welche ihn Dritten gegenüber verantwortlich machen, z. B. die Cession von Hypotheken, ergänzen könne, bestehen in diesen Fällen nicht in gleicher Weise. Der vom O.Trib. (Entsch. 69, 83) ausgesprochenen Meinung, daß bewegliche Pertinenzstücke unbeweglicher Sachen besonderer Beschlagnahme und Abpfändung nicht unterworfen seien, war auch vom Standpunkt des älteren Rechts nicht beizupflichten.

[20]) Die Kommentare zu §§ 30, 31 E.G. und zu § 9 Subh.O. ergeben die Einzelnheiten. Man vergl. auch die in Anm. 18 citirten Abhandlungen von Nessel, Heidenfeld, auch Oppenheim (Gruchot 26, 769 ff.).

treffende Nachtheil würde sich allen bei seinem Kreditwesen betheiligten Personen, also auch den scheinbar begünstigten Hypothekengläubigern, empfindlich fühlbar machen.

Den Ueberschuß der Kaufgelder, welcher nach vollständiger Befriedigung der Realgläubiger, einschließlich der Extrahenten und Adhärenten, disponibel blieb, nahm § 60 Subh.O. noch in Anspruch für ältere als zweijährige Rückstände an Zinsen der zur Deckung gelangten Kapitalien und an anderen Leistungen und Abgaben, welche auf dem Grundstücke hafteten, sowie für die Personalgläubiger, für welche das Kaufgeld mit Beschlag belegt worden war. Nach § 61 erstreckte sich das Kaufgelderbelegungsverfahren auch auf die Vertheilung eines derartigen Ueberschusses; bei Unzulänglichkeit desselben zur Deckung der Liquidate erklärt § 60 die Rangordnung der Konkursgläubiger, also §§ 72—80 der preuß. Konk.O., für maaßgebend. Es konkurriren also an letzter Stelle Realgläubiger ohne Rücksicht auf das buchmäßige Vorrecht ihrer Ansprüche und Personalgläubiger nach Konkursrecht, also der Regel nach zu gleichen Rechten, so daß die Unzulänglichkeit der Masse alle Ansprüche verhältnißmäßig trifft.

Personalgläubiger können jetzt bei diesem Verfahren nur konkurriren, wenn sie den Kaufgelderantheil des Schuldners haben pfänden lassen: da sie durch solchen Akt Vorzugsrecht erlangen, so kann von tributarischer Befriedigung für sie keine Rede mehr sein, die frühere Pfändung schließt jede benachtheiligende Konkurrenz aus. Hieraus ist gefolgert worden [21]), daß die erwähnten Ansprüche der Realgläubiger nur nach vollständiger Befriedigung der mit derartigen Vorzugsrechten versehenen Personalgläubiger zum Ansatz gebracht werden dürfen. Dies hieße aber der Beschlagnahme der Kaufgelder zu Gunsten der bei Einleitung der Subhastation vorhandenen Realgläubiger, auf welcher die §§ 60, 61 Subh.O. beruhen, die bisherige Wirksamkeit entziehen. Der Kaufgelderantheil des Schuldners, der später gepfändet wird, ist mit dieser Beschlagnahme belastet, die daraus herzuleitenden Rechte können nicht durch spätere Angriffe Dritter aufgehoben werden. [22])
Das Grundstück haftet dinglich für alle Zinsrückstände, der § 30

---

[21]) Kurlbaum Subh.O. S. 68 f. auf Grund des § 56 A.G. zur Konk.O. v. 6. März 1879 und § 54 der R.Konk.O., welchem sich Wachler Subh.O. 3. Aufl. S. 148 f. anzuschließen scheint.

[22]) Auf diesen Standpunkt scheint sich Dernburg I. 869 zu stellen.

E.G. beschränkt diese Haftung nicht auf bestimmte Termine, eine Beschränkung tritt nur für den Fall der Unzulänglichkeit der Kaufgelder zur Deckung der Realansprüche ein. Daß das durch Eintragung erworbene Vorzugsrecht insoweit habe beseitigt werden sollen, ist nirgends ausgesprochen und aus allgemeinen Grundsätzen des Konkursrechts um so weniger zu folgern, als letzteres auf Realgläubiger überhaupt keine unmittelbare Anwendung findet. Es bewendet daher bei den Bestimmungen der Subh.O., nur daß der bevorrechtete Personalgläubiger, dessen Liquidat die Masse unzulänglich macht, nunmehr alle übrigen Personalgläubiger ausschließt, wogegen er mit den Realgläubigern die Masse nach Verhältniß der Liquidate, nach wie vor, zu theilen hat.

Weitere Kollisionsfälle können nicht eintreten: soweit Hypothekengläubiger den Schuldner auch persönlich in Anspruch nehmen wegen erlittenen Ausfalls, kommen sie nur als Personalgläubiger in Betracht. Die Uebersicht, welche gegeben werden sollte, kann also hiermit abgeschlossen werden.

G. Pätz'sche Buchdruckerei (Otto Hauthal) in Naumburg a/S.

Kolibri 360 GmbH
Ferdinand-Jühlke-Straße 7
99095 Erfurt, Deutschland
produktsicherheit@kolibri360.de